Da negação ao despertar

ENSINAMENTOS DA MONJA COEN

Da negação ao despertar

ENSINAMENTOS DA MONJA COEN

7 MARES

Coordenação	Ana Carolina Freitas
Capa e diagramação	Fabiana Marcon
Copidesque	Anna Carolina G. de Souza
Revisão	Lúcia Helena Lahoz Morelli

Dados Internacionais de Catalogação na Publicação (CIP)
(Câmara Brasileira do Livro, SP, Brasil)

Coen, Monja
  Da negação ao despertar: ensinamentos da Monja Coen / Monja Coen. - Campinas, SP: Papirus 7 Mares, 2022.

  ISBN 978-65-5592-022-2
  1. Coen, Monja   2. Filosofia budista   3. Zen-budismo   I. Título.

  21-87277   CDD-294.3927

Índices para catálogo sistemático:

1. Zen-budismo: Ensinamentos 294.3927

Cibele Maria Dias - Bibliotecária - CRB-8/9427

| A grafia deste livro está atualizada segundo o Acordo Ortográfico da Língua Portuguesa adotado no Brasil a partir de 2009. | 1ª Edição – 2022
Proibida a reprodução total ou parcial da obra de acordo com a lei 9.610/98.
Editora afiliada à Associação Brasileira dos Direitos Reprográficos (ABDR).

DIREITOS RESERVADOS PARA A LÍNGUA PORTUGUESA:
© M.R. Cornacchia Editora Ltda. – Papirus 7 Mares
R. Barata Ribeiro, 79, sala 316 – CEP 13023-030 – Vila Itapura
Fone: (19) 3790-1300 – Campinas – São Paulo – Brasil
E-mail: editora@papirus.com.br – www.papirus.com.br |

Introdução

Um grande pensador japonês chamado Nishida Kitaro (1870-1945) foi um dos fundadores de um grupo de estudos filosóficos que comparava a filosofia budista à filosofia ocidental, conhecido como a Escola de Kyoto.

Nishida Kitaro escreveu: "(...) a identidade contraditória do eu religioso, definido como o verdadeiro eu, que vê sem ser quem vê e age sem ser quem age". Nishida estudava e praticava o zen-budismo e em sua obra faz várias menções ao fundador da ordem Soto Shu, Mestre Eihei Dogen[1] (1200-1253), como inspirador à sua lógica.

Mestre Dogen, seguindo os ensinamentos do Buda histórico, insistia em afirmar que precisamos encontrar nosso verdadeiro eu. Esse verdadeiro eu, a essência do ser, é o não eu, pois surge quando não há noção de uma autoidentidade substancial, independente e separada. Logo, aquele ou aquela que vê ou age apenas vê ou age, sem um eu independente que vê ou age.

A ação é a não ação, sem intenção com toda a intencionalidade. O arqueiro zen precisa treinar muito, mas seria apenas a técnica a responsável pelo encontro de duas flechas em pleno ar? Certamente não.

Há um momento, um local sagrado, em que a técnica é transcendida. Uma bailarina profissional excelente se torna a música, a dança, a personagem. Um bom jogador de futebol é um com a bola, com os passes, com a corrida. Se houver a noção de "eu" estou dançando, jogando, atuando, perco a integração completa na arte, no momento e na plenitude da ação.

---

1 Lê-se Dooguen.

Nishida Kitaro comenta no livro de seus últimos escritos: "O local [*basho*, em japonês] final do nada é paradoxalmente a completude do presente existencial. Este é o único *basho* [local]".[2]

É estar absolutamente presente na ação, na existência, sem nada extra, sem nem mesmo a intenção de estar nem manter a consciência de ser independente, superior, privilegiado, sábio, desperto. A pura e completa presença. Esse é o local do vazio, do nada, segundo o zen-budismo e Nishida Kitaro.

Não é a negação. E se não é a negação, o que é? O que seria esse local vazio de uma autoidentidade substancial e independente?

Um dos principais conceitos do Buda histórico, ou seja, do budismo clássico, da Índia de 2.600 anos atrás, é sobre a Lei da Origem Dependente (*pratityasamutpada*). Buda dizia que quem entende a Lei da Origem Dependente entende o Darma, entende todos os ensinamentos, entende o vazio (*sunyata*). Quem entende o Darma entende o Vazio, vê Buda.

Buda não se refere apenas ao príncipe indiano considerado o fundador do budismo. Buda quer dizer "desperto" ou "iluminado". Ver Buda, encontrar Buda, tornar-se.

A Lei da Origem Dependente explica que disso surge aquilo e daquilo surge aquilo outro, e estamos tudo e todos interligados. Somos a trama de interdependência de vida-morte. Coexistimos.

Quando isso cessa, aquilo também cessa, revelando que, além de interdependentes, tudo e todas as coisas são transitórias. Tudo

---

2   Nishida Kitaro (1987). *Last writings nothingness and the religious worldview*. Honolulu: University of Hawaii Press.

está fluindo, movendo-se e transformando-se, sem permanecer no mesmo estado ou no mesmo local. É um processo incessante.

Planetas girando em sua órbita, cometas, estrelas e toda a vida em cada planeta, em cada satélite, em contínuo e incessante movimento. Nada permanece o mesmo. O coronavírus é outra prova clara das mutações e transformações incessantes.

Quando isso existe, aquilo também existe. Quando isso não existe, aquilo também não existe. Embora as frases se pareçam, a proposição desta é enfatizar que todas as coisas não possuem um eu fixo, uma identidade fixa, independente. O universo e cada partícula do cosmos – o que é permanente é a impermanência.

Se a Lei da Origem Dependente atua em todo o mundo material, de galáxias a colmeias, do ponto de vista religioso ou mental há dois aspectos fundamentais: a existência das insatisfações, das dores e do sofrimento, e as causas disso.

A religião também se detém em como extinguir as insatisfações, as dores e os sofrimentos, para alcançar o Nirvana – estado de paz, tranquilidade, bem-estar mental, espiritual. Literalmente, Nirvana significa cessação das aflições mentais.

Tanto no plano fenomenológico, material, físico, como no plano mental, espiritual, primeiro é necessário reconhecer, sentir, perceber que há desconfortos. Segundo, verificar quais são as causas desses estados desconfortáveis. Terceiro, cessar os estados incômodos – adentrar o Nirvana. Quarto, colocar em prática um método, um sistema de práticas que são em si mesmas a extinção das insatisfações – o Caminho de Oito Aspectos.

Essas quatro importantes etapas são conhecidas como As Quatro Nobres Verdades, que foram descritas por Buda em seu primeiro ensinamento dado no parque dos Cervos, na Índia.

Buda ficara a sós, em meditação profunda, sob uma árvore frondosa, como uma figueira. Depois de atravessar as várias etapas de dúvidas e questionamentos sobre continuar praticando meditação ou se dedicar a outras atividades, finalmente supera todas as dualidades mentais e, com profunda humildade e respeito, se reconhece interconectado a tudo e a todos.

Venceu as barreiras do egocentrismo.

Saiu de si mesmo.

Encontra o não eu através do próprio eu, que, pequenino, se aquieta.

É apenas quando acessamos nosso eu infinitamente profundo e sutil, anterior ao cognitivo, anterior ao estético e moral, que encontramos o eu religiosamente vívido e intenso, descrito por Nishida Kitaro em seus últimos escritos:

> O ponto de vista filosófico é de uma autorreflexão do eu religioso em si mesmo. Não é voltar a olhar o mundo inteligível do ponto de vista religioso e não é fazer do conteúdo do mundo inteligível o seu conteúdo.
>
> Não é o ponto de vista no qual o eu absoluto constitui o mundo, mas, sim, a autorreflexão ou a autorreflexão de um eu absoluto.[3]

---

3   Nishida Kitaro (1987). *Last writings nothingness and the religious worldview*. Honolulu: University of Hawaii Press.

A autorreflexão de um eu absoluto. Do que está falando Nishida Kitaro?

Um eu absoluto parece se referir ao eu religioso que reflete sobre si mesmo, e não exatamente ao eu absoluto que constituiria o mundo.

Somos o todo manifesto, e o todo se manifesta em cada partícula, em cada ser. Manifesta-se como o todo mesmo na parte. Pois a parte é a manifestação do todo. Logo, não há um todo absoluto separado.

A capacidade de autorreflexão de cada ser humano é a autorreflexão do todo, sendo um e sendo múltiplo simultaneamente.

Nishida Kitaro dizia que o seu pensamento estava relacionado à lógica do local do vazio, à lógica do local do nada. Onde fica o vazio? Qual é o local do nada?

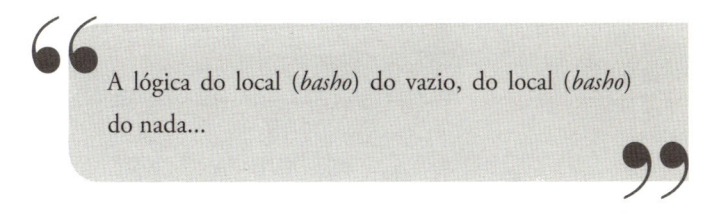

> A lógica do local (*basho*) do vazio, do local (*basho*) do nada...

A lógica de que tudo é o vazio de uma autoexistência substancial independente é a base dos *Sutras da Grande Sabedoria Completa* – ensinamentos de Buda.

Um eu absoluto capaz de autorreflexão está interligado a tudo e se mantém livre na interdependência. Sem amarras, sem apegos e aversões, desenvolve um olhar abrangente, criativo e terno sobre a realidade.

Nesse local do vazio, do nada, tudo coexiste sem que haja o menor espaço para a ideia de um eu separado. O despertar, o tornar-se sábio, iluminado, é a capacidade dessa auto-observação, autorreflexão, na qual o eu se reconhece no não eu, e todos os conceitos de si mesmo e da realidade como algo fixo e palpável se dissolvem.

Até mesmo a noção ou a percepção de haver atingido algo especial não surge nesse lugar onde não há ser superior nem ser inferior. A seguir, trecho de um diálogo entre Buda e um de seus discípulos:

> – Ó, Subhuti! Quem adentrar a correnteza de Nirvana, da grande paz, poderá pensar: "Eu entrei na correnteza de Nirvana?".
>
> Subhuti respondeu:
>
> – Não, Mestre. Quem adentrar a correnteza da Paz Infinita jamais poderá pensar: "Eu adentrei a correnteza de Nirvana". Isso porque, Mestre, na verdade, não teria obtido absolutamente nada. É por isso que se diz que penetrou na correnteza da Paz Infinda. Essa pessoa não obteve nem a forma, nem o som, nem o cheiro, nem o gosto, nem o que seja perceptível ao tato, nem o que seja perceptível à mente. É por isso que se diz que adentrou a correnteza da Paz Infinita. Mestre, se quem adentrou a correnteza da Paz Infinda pensar: "Eu penetrei na correnteza da Paz Infinda", essa pessoa ainda terá apego ao eu, aos seres vivos, à substância própria, ao indivíduo.[4]

Um dos grandes filósofos budistas foi Nagarjuna, monge indiano do século II. Nagarjuna ou Nagyaharajuna desenvolveu de forma clara a

---
4 *Sutra do Diamante.*

visão do vazio em seus estudos do Caminho do Meio (*Madhyamika*), baseando-se na literatura da Perfeição da Sabedoria.

Nagarjuna afirma que o vazio (*sunyata*) não significa aniquilação. Por meio da via negativa, dá dez atributos ao vazio: sem obstáculos, onipresente, sem diferenciações, completamente aberto, sem aparência, puro sem máculas, sem surgir e sem desaparecer, sem ser, vazio de vazio e sem possuir.

Durante os três primeiros dias do ano, em todos os templos e mosteiros da ordem Soto Shu, do zen-budismo japonês, da qual sou missionária na América do Sul, realizamos uma cerimônia especial chamada *Dai Hannya*, ou seja, Grande Sabedoria. Nessa cerimônia, os 600 volumes que compõem o *Sutra do Diamante* são revolvidos, enquanto monges e monjas entoam o seguinte poema:

> Todos os Darmas surgem de causas e condições.
>
> Porque surgem de causas e condições, não têm entidade própria.
>
> Porque não têm entidade própria, não possuem ir e vir.
>
> Porque não tendo ido nem vindo, nada é obtido.
>
> Porque nada é obtido, numa análise final, são vazios.
>
> Porque numa análise final são vazios, é chamada de Perfeição da Sabedoria.
>
> Homenagem aos três Tesouros incalculáveis e vastos, que permitem surgir o despertar supremo e insuperável.

> Vazio de interioridade
> Vazio de exterioridade
> Vazio de dentro e fora
> Vazio de vazio
> Vazio de grandiosidade
> Vazio de verdade última
> Vazio de propósito
> Vazio de análise final
> Vazio de atemporalidade
> Vazio de dissipação
> Vazio de invariabilidade
> Vazio de natureza original
> Vazio de marcas próprias
> Vazio de subordinação
> Vazio de todos os darmas
> Vazio de não obtenção
> Vazio de não natureza
> Vazio da própria natureza
> Vazio de natureza como natureza própria

A oficiante da cerimônia, no centro da sala, diante do altar principal, revolve o volume maior do *Sutra da Sabedoria*, abrindo-o nas dez direções. Assim, invoca a Sabedoria e a espalha para cima e para baixo, para os oito pontos do zodíaco, a fim de libertar todos os seres e incitá-los a adentrar o Caminho Supremo. Ao final, encerrando o livro com firmeza, a oficiante exclama:

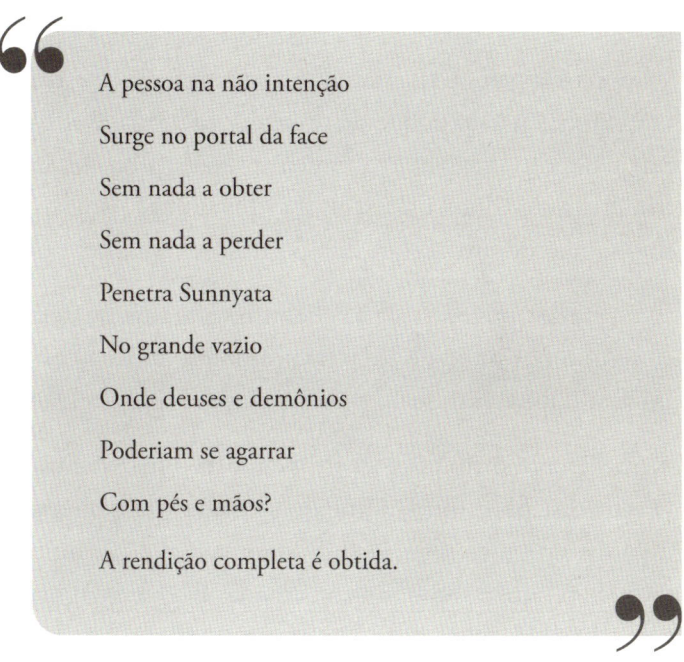

> A pessoa na não intenção
> Surge no portal da face
> Sem nada a obter
> Sem nada a perder
> Penetra Sunnyata
> No grande vazio
> Onde deuses e demônios
> Poderiam se agarrar
> Com pés e mãos?
> A rendição completa é obtida.

Quando tudo é transcendido, inclusive a transcendência. Quando a imanência imana a própria imanência, podemos ter a imanência na transcendência e a transcendência na imanência, já em perfeita harmonia.

Além de deuses e demônios, das virtudes e dos vícios, do bem e do mal, o ser humano se liberta. Há uma entrega total, sem restrições, medos e expectativas. Pleno de confiança, ele acolhe a realidade assim como é e agradece cada experiência única da existência. Nada jamais se repete.

A Sabedoria é capaz de afastar o que possa ser ou tornar-se prejudicial e nefasto. A pessoa se rende à Sabedoria Completa, à compreensão do vazio, sem que haja absolutamente nada a que se agarrar, onde se segurar. Sem deuses e demônios, torna-se um ser humano livre, que não se importa com títulos e graduações, mas habita a sabedoria do grande vazio, do nada que é o todo, o princípio, o meio e o fim.

A Lei da Origem Dependente é a afirmação desse vazio. Aqui não há qualquer possibilidade de uma autoidentidade substancialmente independente, fixa ou permanente. Nagarjuna inicia um de seus principais trabalhos da Escola Madhyamika,[5] elogiando Buda por "apresentar a doutrina que não pode ser expressa em palavras".

Ora, Buda pregava, fazia sermões, transmitia ensinamentos, sobretudo por meio de palavras. Também houve ocasiões que, com um gesto, uma atitude ou pelo silêncio, ensinou o Darma.

A primeira transmissão, o primeiro reconhecimento de que um de seus discípulos havia atingido seu nível de compreensão foi por meio de um gesto silencioso. Buda estava em pé, numa plataforma natural de uma montanha chamada Pico do Abutre, por ter a forma parecida com a de um abutre, cercado por muitas pessoas, que aguardavam seus ensinamentos. Buda segurou uma flor, sorriu e piscou. Toda a assembleia ali reunida se entreolhava e sussurrava: "Qual o significado de tal atitude?". Só um dos monges, Makakasho ou Mahakasyapa, olhou para Buda, sorriu e piscou. Nesse momento, Buda o chamou e, diante de todos, proclamou: "Possuo o Olho Tesouro do Verdadeiro Darma e a maravilhosa mente de Nirvana. Agora passo a você, Makakasho".

Possuir o olhar, a óptica, a visão, a compreensão da Lei Verdadeira (Darma) conduz, simultaneamente, a um estado mental maravilhoso

---

5 *Mulamadhyamakakarika* (Estâncias sobre o Caminho do Meio) é considerado seu trabalho principal, com 450 versos e 27 capítulos.

de tranquilidade sábia – Nirvana. Esse é o estado Buda, o estado desperto. Esse estado foi a identificação de Makakasho com o Mestre, de mente com mente, sorrindo e piscando, sem requerer explicações e sem dúvida. Nada faltou e nada excedeu.

Dois séculos depois, Nagarjuna recebeu a transmissão de seu mestre e também adentrou a linhagem de consanguinidade dos Budas Ancestrais. Nagarjuna, possuidor da maravilhosa mente de Nirvana (em japonês, *nehan myoshin*) e do Olho Tesouro do Verdadeiro Darma (em japonês, *Shobogenzo*), elogiou a doutrina de Buda por ser a não doutrina. E, por ser a não doutrina, é uma doutrina. Assim afirma a via negativa budista, como neste trecho do *Sutra do Diamante*:

> – Por isso, Subhuti, os Buscadores do Caminho, os grandes homens precisam manifestar uma mente desapegada. Eles não podem manifestar uma mente apegada a alguma coisa. Não podem manifestar uma mente apegada à forma. Não podem manifestar uma mente apegada ao som, ao cheiro, ao gosto, às coisas percebidas pelo tato e às coisas percebidas pela mente. Não devem manifestar uma mente apegada a algo, mas, sim, uma mente desapegada, embora de acordo com as condições atuantes em cada momento.[6]
>
> – Mestre! Como se chama essa Lei? Como guardá-la de memória?

---

[6] Essa é uma das mais importantes frases do *Sutra do Diamante*, frequentemente citada pelos mestres chineses e japoneses.

> Interrogado dessa maneira, o Mestre voltou-se para o Venerável Subhuti e respondeu:
>
> – Subhuti! Esta Lei se chama Perfeição da Sabedoria. Guarde-a de memória como tal. Isso porque, Subhuti, o Tathagata disse que a Perfeição da Sabedoria ensinada pelo Tathagata não é a Perfeição da Sabedoria. Por isso é chamada Perfeição da Sabedoria.
>
> XIII-b
>
> – O que pensas, Subhuti, existe alguma Lei ensinada pelo Tathagata?
>
> Subhuti respondeu:
>
> – Não, Mestre, não existe nenhuma Lei ensinada pelo Tathagata.

Nagarjuna é capaz de reduzir ao absurdo tudo o que possa ser concebível. Refuta todas as posições fixas e indica o caminho do meio entre ser e não ser. Há um espaço entre ser e não ser – o local do Nada de onde surgem a lógica de Nagarjuna, a de Nishida Kitaro, vindas da lógica do Vazio de Xaquiamuni Buda.

A compreensão do vazio de todo o ser leva à libertação de cada ser.

> Quando Kannon Bodisatva pratica Profunda Sabedoria Completa, claramente observa o vazio dos cinco agregados e assim se liberta de todas as tristezas e sofrimentos.[7]

Kannon é quem observa profundamente os sons do mundo. Não é quem ouve, mas quem observa, vê os lamentos e atende às solicitações verdadeiras. É o símbolo da compaixão ilimitada.

Bodisatva significa um ser desperto. O observador que observa com clareza o vazio se liberta e liberta todos os que estejam insatisfeitos. Aponta o caminho da Grande Sabedoria Perfeita – *prajna paramita*.

Que vazio é observado ao praticar a sabedoria? O que é a sabedoria senão esse observar profundo, íntimo, claro, de nada fixo ou permanente?

Quando observamos em profundidade e com clareza o vazio dos cinco agregados, nós nos libertamos. Nesse momento somos *bodhi* ou *bodai* (despertos) *satvas* (seres). Os cinco agregados são: forma física, sensação, percepção, conexões neurais e consciências.

Uma consciência para cada órgão dos sentidos, outra consciência que gerencia tudo que é percebido pelos sentidos, mais uma que leva as informações gerenciadas até a grande consciência matriz – uma espécie de grande memória cósmica em constante ebulição –, e de lá retorna com uma resposta que é levada de volta à consciência gerenciadora e assim respondemos ao mundo interior e exterior. São

---
7   *Sutra do Coração da Grande Sabedoria.*

milionésimos de segundos para que esse processo se dê e continue acontecendo sempre.

Ao percebermos claramente que o corpo é vazio de permanência, assim como tudo que possamos sentir e tudo de que possamos ter consciência, o verdadeiro esvaziar acontece, e com ele a libertação de apegos e aversões, dos medos e de qualquer expectativa de ganho.

Muitos dos textos clássicos do zen-budismo seguem a mesma via negativa: o ensinamento não ensinamento, o eu não eu, o ser não ser, sem nada a ganhar e sem nada a perder, por exemplo.

No *Sutra do Coração da Grande Sabedoria Completa* há os seguintes trechos:

> Forma não é mais que vazio.
>
> Vazio não é mais que forma.
>
> Forma é exatamente vazio.
>
> Vazio é exatamente forma.
>
> (...)
>
> Todos os fenômenos são vazio-forma
>
> Não nascidos, não mortos,
>
> Não puros, não impuros,
>
> Não perdidos, não encontrados.
>
> Assim é tudo dentro do vazio:
>
> Sem forma, sem sensação, conceituação,
>
> Diferenciação, conhecimento.

> Sem olhos, ouvidos, nariz, língua, corpo, mente
>
> Sem cor, som, cheiro, sabor, tato, fenômeno.
>
> Sem mundo de visão, sem mundo de consciência.
>
> Sem ignorância e sem fim à ignorância.
>
> Sem velhice e morte e sem fim a velhice e morte
>
> Sem sofrimento, sem causa
>
> Sem extinção e sem caminho
>
> Sem sabedoria e sem ganho,
>
> Sem nenhum ganho,
>
> Bodisatva devido à Sabedoria completa,
>
> Coração – mente sem obstáculos,
>
> Sem obstáculos, logo sem medo
>
> Distante de todas as delusões,
>
> Isto é Nirvana.

O Sutra também afirma que todos, por meio da Sabedoria Completa, podem obter o estado elevado do despertar. Nesse local, nesse estado, poderão remover todo o sofrimento. Todas as angústias, as delusões, as falsidades, todas as insatisfações – pois, a sabedoria, a compreensão clara da realidade, eleva-nos a um estado de satisfação plena, onde nada falta e nada excede.

Da negação ao despertar

A via negativa dos ensinamentos budistas não é a aniquilação ou o negacionismo de que tanto se fala nos últimos tempos. Negacionismo não é a via negativa teológica ou budista.

A via negativa usa o negar para apontar a verdade. Estimular a procura. Tem mais a ver com negar o que está acontecendo ou o porvir. Há casais que se negam a admitir as mudanças no relacionamento e brigam muito para que tudo seja como antes. Nada volta a ser o que foi. A vida é movimento e transformação. Se negamos o que está ocorrendo, como podemos apreciar ou transformar?

Outras pessoas negam o perigo de várias doenças, não seguem as instruções básicas dos especialistas e brigam com quem se protege. Se todas as pessoas que negaram o uso de máscaras, o distanciamento social e as precauções contra o coronavírus durante a pandemia estivessem querendo afirmar sua importância e a necessidade de cuidados, teria sido bem interessante.

De certa forma, acaba acontecendo.

Soube de um senhor que se recusou a usar máscaras e a cumprir o distanciamento social e precisou ser entubado. Não é caso único. Muitos dos que foram a aglomerações – compras de fim de ano, festas familiares ou festas nas ruas – fizeram aumentar o número de pessoas infectadas, levando o sistema de saúde ao colapso.

Parece haver uma correlação entre o aumento no número de casos e as mutações do coronavírus. Este, em uma nova cepa, se espalha com maior rapidez. Consequentemente, há falta de leitos, estafa das equipes médicas, insuficiência de equipamentos e de oxigênio, como aconteceu em Manaus, em janeiro de 2021.

Desde o início da pandemia, as estatísticas afirmavam que cerca de 2% da população mundial morreria vítima das várias formas da Covid-19. Também afirmavam que muitos seriam contaminados e que seria impossível deter a contaminação em massa. Seria possível, sim, minimizar a simultaneidade das infeções para que o sistema de saúde pudesse cuidar de quem chegasse.

No início não orientaram as populações mundiais sobre o uso de máscaras, temendo que não houvesse número suficiente para as equipes médicas? Talvez. Se as máscaras não tivessem nenhuma utilidade, por que seriam usadas nos hospitais, na visita a pacientes com doenças contagiosas ou com baixa imunidade e em cirurgias?

Fui voluntária no Hospital Emílio Ribas, em São Paulo. Um hospital famoso por atender pacientes com doenças infectocontagiosas. Antes de nos tornarmos voluntárias ou voluntários, precisamos passar por um treinamento intensivo. Aprendemos sobre a história do hospital – há inclusive um museu com aparelhagens antigas e fotos do passado. Aprendemos a lavar as mãos com muito cuidado, usar avental e máscaras fechadas. O grande perigo não seria exatamente o de nos contaminarmos, mas poderíamos infectar pacientes fragilizados com vírus que nem pressentíamos estar em nosso corpo.

Havia quartos nos quais não podíamos entrar. Entre um quarto e outro, devíamos lavar as mãos. Nunca tocar a cama ou o/a paciente sem sua autorização. "Para uma pessoa acamada, seu leito é sua única privacidade" – essa frase me ficou gravada desde o curso que antecedeu às visitas.

Se eu tivesse a menor sensação de resfriado ou mal-estar, não deveria ir. Eu visitava pacientes, parentes, pessoal das equipes médicas – só quando havia pequenos intervalos. Situações raras. Todos trabalhavam muito. Surpreendi-me ao ver o cuidado e a atenção dados aos pacientes. Ouvimos tanto falar mal do SUS, do atendimento público aqui no Brasil.

Passei alguns anos levando a respiração consciente àqueles que podiam respirar sem aparelhos. Enfraquecidos, alguns apenas arregalavam os olhos ao me ver entrar. Sempre acompanhada de outra voluntária ou voluntário. Da mesma forma que Buda ensinou a seus discípulos, sempre íamos em duplas. Havia também os ansiosos para sair dali, ir embora, que precisavam ser amarrados aos leitos.

Conversávamos. Respirávamos conscientemente e depois de alguns minutos parecia haver um aquietamento no quarto – não pela fraqueza, mas pela melhor oxigenação das células. Há muitas pesquisas científicas que comprovam a importância da respiração consciente e de práticas meditativas na melhora de pacientes.

Uma jovem senhora me marcou bastante. Ela queria muito visitar a filha, num bairro distante. Uma menina. As visitas de crianças eram proibidas. De pé, ao lado da cama, sugeri que ela fosse fazer uma visita imaginária. Respirando conscientemente, que se lembrasse de sua casa, de detalhes da escada, da porta. Onde estaria sua filhinha naquele momento? Fomos juntas. Ela fechou os olhos e sorriu. Como se sentisse o calor e o cheiro da menina. Depois me agradeceu e eu fui embora. Na semana seguinte ela já não estava mais lá.

Nada fixo. Nada permanente.

Como podemos minimizar dores e sofrimentos, angústias, tristezas e saudades?

Sempre usando máscaras, durante as duas horas permitidas ao trabalho voluntário semanal, pude orientar um senhor soropositivo que comunicasse à sua esposa do seu caso para que ela também pudesse se tratar. Ele tinha medo da briga, por ter "pulado a cerca". "Mais vale a vida." Teria ele contado ao voltar para casa? Nunca soube. Relações pontuais.

Creio que seja assim nos hospitais e prontos-socorros atendendo pacientes com Covid-19. Mesmo médicos de saúde e comunidade muitas vezes têm dificuldade em continuar atendendo e revendo seus pacientes. Há tantas solicitações...

Se, no início da pandemia, não nos disseram para usar máscaras – não só no Brasil, mas no mundo –, minha discípula conversara com amigas médicas infectologistas e encomendara vários tipos diferentes de máscaras para nós. Máscaras e luvas de plástico.

Nossa vida foi mudando e fomos nos adaptando. Nada de sair de casa. Compras *on-line*.

Meses se passaram.

Um jovem forte e destemido, que, por ser forte e destemido, usa máscaras, toma banho ao chegar ao templo e troca de roupas, veio auxiliar nas compras e no que fosse necessário. Tínhamos máscaras e luvas suficientes para ele e para sua sogra, uma senhora pequena e forte, que passou a me auxiliar com cozinha, roupas e limpeza da casa.

Durante os primeiros meses da pandemia, desdobrei-me – como todos –, trabalhando em casa e na casa. Foi interessante, divertido e cansativo. *Lives*, entrevistas, livros a escrever, muitas solicitações.

Olhos cansados ao fim do dia. E, sempre que alguém se aproximava – quer para receber encomendas, presentes, compras –, máscaras e luvas.

Autografar livros com luvas de borracha foi apenas uma tentativa. Depois de uns 300 exemplares, tirei as luvas e passei a lavar as mãos como aprendi no Hospital Emílio Ribas. Mas sempre usando máscara.

Só algum tempo depois de o vírus se espalhar livremente, as máscaras foram consideradas necessárias para todos e se tornaram obrigatórias em muitos locais. Surgiram máscaras coloridas, de tecido; na televisão e nas redes sociais, muitas pessoas ensinavam a fazer máscaras com papel-toalha e restos de tecidos.

A indicação é de que usemos as máscaras hospitalares mais fechadas e restritas. O vírus, como todos nós, sofreu uma mutação. Há uma nova cepa capaz de contaminar muito mais pessoas, com mais rapidez.

A sobrevivência.

Até mesmo um quase invisível vírus tem a capacidade de mutação para poder encontrar novos hospedeiros. Quanto tempo vive um vírus? Um vírus solto, no ar ou na grama, no asfalto ou na terra? Alguns dizem que ele vive cerca de 20 minutos e que pode alcançar até oito metros de distância. Caso não encontre um hospedeiro, o que acontece? Desfaz-se?

Quando ensaboamos bem as mãos, a coroa de gordura se parte e a molécula de proteína se quebra. Deixa de ser. Como não é um organismo, não dizem que o vírus morreu. Mas devem ter morrido muitos vírus também. Impossível contá-los...

O presidente dos Estados Unidos Joe Biden, ao tomar posse, assinou, em um de seus primeiros decretos, a obrigatoriedade do uso de máscaras em todos os edifícios federais e no transporte público de todo o país. Em janeiro de 2021, confessou publicamente com o rosto sério e triste: "Vai piorar muito antes de melhorar".

Mesmo assim, há pessoas que continuam negando a pandemia. Alguns se consideram protegidos pela fé religiosa, outros por seu estado de saúde, outros por não acreditarem na veracidade do que está acontecendo. Deve ser algum plano sinistro para controlar o povo, pensam. Alguns acham que é coisa de comunista.

Será que na China, na Rússia, em Cuba, na Venezuela e em outros países socialistas há pessoas que consideram a pandemia um golpe capitalista?

A Terra plana. Há quem acredite nisso. Até já me explicou por que acreditava, o jovem de roupas indianas sentado no banco de trás de um carro em que eu estava: "Se a Terra fosse redonda como dizem, os aviões não voariam em linha reta" – foi algo assim que ele disse. Pensei que fosse brincadeira. Não era.

Será que estamos no casco de uma tartaruga gigante ou sobre um elefante? Há inúmeras possibilidades. A viagem à Lua, o pouso na Lua – tudo *fake*, garantem-me alguns. Montagem feita pela Nasa. Será?

Ouvimos tantas coisas e simplesmente agradecemos pela capacidade da audição. Com algumas pessoas o diálogo é possível. Com outras, não. Tenho encontrado pessoas tão encerradas em seu próprio universo que as tentativas de diálogo fracassam inevitavelmente.

Nesses momentos, eu recuo e silencio. Talvez, em algum outro instante, possamos dialogar. Nunca desisto, apenas dou um tempo. Já ouvi tantas histórias, tantas realidades, tantas fantasias. Quando há uma abertura, por menor que seja, ouço para entender e falo para ser compreendida. Quando não o sou, sempre penso que poderia usar outros meios hábeis, outras analogias para demonstrar meu ponto de vista. Mas também há situações em que silencio e me afasto sem ferir.

Quando era criança, um dia interpelei minha mãe. Eu sabia a forma como ela pensava e como nos ensinava. Veio visitá-la uma prima distante. Era um pouco "destrambelhada". Adorei ouvi-la contar, com a voz clara em português castiço, dos cavalos gigantescos, de cinco metros de altura, que ela vira passar. Era maravilhoso para uma criança. A prima de minha mãe arregalava os olhos recontando seus encontros.

Minha mãe ouvia, assentia. Nunca disse a ela que aquilo não passava de fantasia de sua mente. Que não existiam cavalos daquele tamanho. A prima tomava um café e saía satisfeita. Minha mãe, sorrindo, me abraçava e dizia: a mente humana é capaz de criar fantasias.

Eu gostava muito de histórias de mundos maravilhosos, escondidos e descobertos miraculosamente. Aventuras e bravuras. Minha mãe era ótima em contar histórias, declamar, estudar e me pôr a ler com ela os livros da faculdade que fazia. Como era bom...

Nunca a vi discutir com parentes e amigas. Mesmo quando seu ponto de vista era contrário. Dizia: "De que adiantaria? Ela está tão fortemente convencida do que fala...". Não havia espaço para apresentar outro ponto de vista. Minha mãe não se importava. Sorria. Algumas vezes a vi tentando dialogar. Houve momentos bons e houve o silenciar.

Ah, essa sala de visitas... quantas histórias poderia nos contar! Agora é templo. As paredes brancas servem para meditar. Será que os fantasmas do passado dessa sala entram a nos visitar? Ou será que cada pessoa traz consigo um passado vivo a ser revisitado?

Entre ser e não ser há um lugar. Convido você a visitar. Quer nesta sala, quer na rua. Penetre o silêncio e reconheça os ruídos, os sons, a música. Está tudo em cada um de nós.

A mente humana pode mentir. Pode ser verdadeira e pode ser falsa. Pode ser qualquer coisa e pode ser nada.

Como tudo – sem começo nem fim e simultaneamente começando e terminando, no intervalo entre nascer e morrer onde não há nascer e morrer. E agora?

Voltemos à pandemia. A obrigatoriedade de uso de máscaras é tirar a liberdade? O não uso de máscaras significa tirar a vida – sua ou de alguém mais? Vacinação obrigatória é tirar a liberdade de escolha, ou é escolher a vida?

O que é ser livre?

Há um texto budista antigo que inicia dizendo: "O caminho é livre, quando não há apego nem aversão". Que maravilha! Decidi colocar em prática esse ensinamento em um dos primeiros retiros zen que fiz, na Califórnia, nos fins dos anos 1970.

Eu seguia as regras do retiro, os toques de sinos que determinavam as atividades, e nada precisava escolher. Deviam ser 7 horas da manhã, quando, depois das práticas meditativas e das liturgias, iniciaríamos a refeição matinal. Pessoas passavam trazendo os alimentos. Silêncio absoluto. De repente, apareceu à minha frente uma cesta de pães variados. Como não escolher? Procurei não olhar e pegar o que viesse. Naquele exato momento percebi que não escolher também é uma escolha. É impossível não escolher. Entretanto, podemos fazer escolhas por meio da mente desperta, da mente que percebe estar interligada a tudo e a todos, de forma que as escolhas sejam éticas, considerando sempre um bem maior que o nosso bem individual, pessoal.

O que é ser livre? Seria fazer o que quer, quando quer, do jeito que quer? Ou seria refletir sobre o que é mais adequado a cada circunstância e decidir qual posição tomar de forma que beneficie o maior número de seres? O maior número de seres inclui você e todas as pessoas a que você quer bem. Aliás, você deveria querer bem a todos os seres – tente, não é difícil.

Eu não gosto de usar máscaras. Não consigo respirar bem com as que tenho usado; tenho uma cicatriz em uma das orelhas e preciso procurar máscaras que não se prendam a elas, pois machucam. Não é agradável. Entretanto, por ser livre, por livre escolha, eu as uso.

Da mesma forma que aguardei o momento em que me permitiram tomar a vacina que pode minimizar as doenças causadas pelo coronavírus.

A minha liberdade é a de fazer o que é adequado e benéfico para o maior número de seres, e não apenas o que é agradável para mim neste momento. Entretanto, a mente humana é tão hábil, que por vezes acabo dando um jeito de fazer o que é agradável para mim dizendo que é o melhor para todos. O mundo do autoconhecimento não é fácil. Sempre fica uma dúvida no ar.

Como fazer as pessoas refletirem sobre a necessidade de manter distanciamento, isolamento? Como fazer com que todos possam despertar? Ou será que todos me levam ao despertar?

Posso compreender jovens, festas, ficar. Drogas, namoro, beijos e cheiros. Vida no ar. Procriação. Cientificamente comprovado, os hormônios reprodutivos saltitando e os levando a fugir e ir festejar.

Quer seja a vitória de um time de futebol, a manifestação pública contra o racismo, os movimentos a favor e contra alguma coisa. A vida é movimento. E agora? Para quem mora num lugar muito pequeno, onde a vida sempre foi na rua, como ficar em casa?

Som, música, dança, gente para a gente se exibir, encontrar, encostar...

Crianças voltam para a escola, para alegria de alguns e pavor de outros. Nada é seguro neste mundo.

Havia nos Estados (ainda Des)Unidos da América do Norte, pequenos vilarejos onde ninguém podia usar máscaras. Os que se atreveram a usá-las apanharam ou foram expulsos de lojas, bares, restaurantes.

Há pessoas muito violentas e armadas no mundo todo. Pessoas que falam de liberdade e não permitem a liberdade de cada um. Impedem a liberdade de expressão, de pensamento, de compartilhamentos. Censuram, condenam, ameaçam. Por quê?

Quando temos a certeza de quem somos, do que somos, a certeza de nossas escolhas e de nossos pontos de vista, nada nos afeta a ponto de querermos calar ou destruir quem pense de outra maneira. Pelo contrário, o diálogo sábio é o caminho do encontro e da revelação da verdade. Silenciar nem sempre é consentir...

Comércio, escolas, bares, restaurantes, academias abrem e fecham. Tornam a abrir e a fechar. É difícil negar os efeitos da pandemia, não apenas nos hospitais, mas na vida econômica e emocional. Há muitas brigas, desencontros, desafetos, impaciências.

Cansamos.

Cansamos de esperar por um dia que não chega. Como crianças, em um carro, ansiosas para chegar ao local especial a que os pais prometeram levá-las, de cinco em cinco segundos perguntando: "Já está chegando?". E mal apreciam a beleza da estrada, das montanhas, das plantações, das pessoas trabalhando no campo ou reparando as estradas.

Na ânsia de chegar, o ponto de chegada se distancia. Tudo incomoda: calor, frio, cumprimento, silêncio. Não podemos desembarcar desse trem rápido, girando no espaço.

Alguns se atrevem a morrer, a tentar suicídio, quando centenas de milhares – no mundo todo – esforçam-se para respirar e viver. Mesmo só por mais alguns minutos. Desequilíbrios emocionais, desesperos. Porém, juntos, seguimos. Rindo e chorando. Reclamando e agradecendo. Continuamos a vida.

Havia grupos torcendo pela reabertura das escolas. Havia grupos contrários. O certo e o errado se entrelaçam.

"Lugar de criança é na escola", gritam alguns. "Lugar de criança é se manter saudável, viva, brincando, aprendendo em todos os lugares", dizem outros. Incertezas.

Pais cansados, desacostumados. Crianças aflitas, impacientes. Professoras e professores temendo as infecções. Vamos que vamos. O planeta gira e nós giramos também.

Mesmo seguindo todas as precauções, muitas pessoas podem estar em risco: no transporte coletivo, nas lojas de artigos escolares, os grupos que fazem a limpeza das ruas, do transporte e das escolas, os grupos de administradores educacionais, todo o corpo docente e os estudantes. Ou seja, há muitas pessoas envolvidas no funcionamento de uma escola, inclusive todos os familiares dos vários grupos – e foram apenas alguns – que mencionei.

Vivemos uma trama de inter-relacionamentos em que todos se ligam a todos. Conectados.

Você pensou como poderia aumentar o número de pessoas infectadas com a reabertura das escolas? Refletiu sobre a depressão infantil e juvenil? A dificuldade no estudo a distância e a necessidade de afeto das crianças com seus pares, a vontade de se encontrarem, tanto para estudar como para brincar? O que pesa mais nessa balança? Será que ela se equilibra na justiça da vida com saúde física, mental e social?

Sem dinheiro, sem emprego, sem comida, há vida saudável? Ou a vida fica comprometida, triste, sem graça? Cheia de saudades e sem estímulos, com as pessoas caindo em ansiedade, depressão e vontade de morrer?

Graças! Vacinas! Um momento de grande alegria. Logo as dificuldades, a falta de vacinas suficientes para todos. Os povos africanos reclamam, pedem – por favor, não pensem só em vocês, países ricos. Compartilhem. Somos tantos.

Se todos não forem cuidados, não haverá fim à pandemia. Redomas gigantescas? Proibição de voos? Fronteiras fechadas? O vírus voa, flutua, atravessa sem ser percebido, sem passaportes ou vistos de entrada e saída.

Máscaras, isolamento social, nada de aglomerações e higienização constante parecem ser alguns elementos confiáveis para evitar o contágio. As doenças causadas pelo vírus são muitas, de níveis diferentes: para algumas pessoas, quase nada; para outras, grandes desconfortos e até a morte.

Cientistas se debruçam dia e noite em estudos, tentando entender o vírus e suas manifestações, suas mutações e suas implicações em diferentes grupos de pessoas. Ainda não há conclusões.

A vida é risco, argumentam alguns. É verdade. Talvez não consigamos impedir o contágio; o que podemos impedir é que todos fiquem infectados ao mesmo tempo – como pudemos observar na segunda quinzena de janeiro de 2021, depois das festas de fim de ano. Hospitais lotados, pacientes sendo transportados para outros estados, falta de oxigênio, de morfina para aliviar o sofrimento causado pela asfixia.

Algumas pessoas infectadas não chegam nem a passar mal e não são hospitalizadas – é verdade. Por isso devemos nos descuidar? Vamos deixar os mais vulneráveis morrerem? E nem ao menos sabemos quem são os mais vulneráveis. Morrem jovens, idosos, atletas sem nenhuma vulnerabilidade conhecida.

Se eu negar a realidade, se propuser ao mundo se arriscar, viver como se nada estivesse acontecendo, o que fazer quando muitos se infectarem simultaneamente e não houver como tratar, onde tratar? Mesmo aqueles que, em condições normais de saúde pública, não sofressem consequências graves poderão vir a óbito.

Ao negarmos, acabamos revelando e afirmando o que tentamos negar. Tapar o sol com a peneira, uma expressão popular. O sol sempre atravessará os espaços vazios da trama da peneira. É impossível esconder, disfarçar, camuflar a realidade, em um mundo onde tudo é visível, onde tudo se revela assim como é. Transparência total.

Quando deixamos de negar e também de afirmar, quando procuramos entender mais do que esconder ou revelar, podemos perceber que a negativa e a afirmativa não se opõem uma à outra. E, quando não há necessidade de uma síntese, quando não é preciso uma conclusão entre este e aquele pensar, surge a capacidade de ir além do pensamento dual.

Fácil? Talvez. Principalmente para quem procura a verdade e percebe que ela se manifesta até em quem mente. É verdade que é mentira.

Quando não há oposição, embora haja pareceres diversos, quando não precisamos chegar a uma conclusão, a uma síntese, a um consenso, podemos transcender duas ou mais formas de ser e de não ser, de pensar e de não pensar, e de coexistir em harmonia.

Há alguns anos, concluíram em Davos, na Suíça, no encontro entre as grandes potências mundiais, que o dissenso era mais frutífero e adequado na condução de políticas públicas de governança.

Diversos olhares, diversos pareceres e diversas possibilidades enriquecem pessoas e países. Aumentam as condições de agir de formas diversas para superar dificuldades coletivas, sem se apegar a apenas um parecer. Você conseguiria agir assim?

Em casa, no dia a dia, nas questões simples da pasta de dentes, da toalha molhada, do usar menos ou mais detergente ao lavar os pratos... a todo momento precisamos lidar com as dualidades e encontrar meios de relacionamentos harmoniosos.

"Sei que meu sogro não gosta de mim. Sempre que nos encontramos, ele procura dar alfinetadas. É muito desagradável", assim me relatou um marido aflito. Talvez ele, pai, esteja enciumado da filha. Alguns pais e mães consideram seu bebê o melhor ser do mundo e que ninguém o merece. Assim, procuram sempre demonstrar ao genro ou à nora seu desagrado. Pode ser apenas ciúme daquele bebezinho que viram nascer, crescer e de quem têm expectativas em relação ao futuro.

Muitas vezes os pais podem destruir um casamento sólido e feliz. O ciúme, o descontentamento com a relação dos filhos, tudo isso pode levar um casal, até então em harmonia, a se desentender e mesmo a dissolver o casamento. Precisamos ter cuidado com o que falamos, pensamos e revelamos em atos, olhares, contrações musculares...

Por isso é preciso conhecer a si mesmo. Um sogro ou uma sogra que se conhece pode perceber quais os motivos de sua participação desastrada em uma reunião familiar e terá meios de impedir a destruição de relações harmoniosas. O jovem casal também. A criança também. Primos, tios, avós, auxiliares – todos nós. Entrelaçados. Nós.

Sempre retorno à importância do autoconhecimento como elemento essencial para uma vida plena. Pessoal e social.

O observar profundo e íntimo de si mesmo, sem críticas ou julgamentos, mais como um cientista que friamente analisa o comportamento de um vírus – quando se consegue adentrar esse processo de observação pura, é possível perceber e alterar comportamentos inadequados, pensamentos incorretos, falas impróprias. Podem-se criar vacinas e salvar vidas felizes.

Muitas vezes queremos silenciar, aquietar a mente e os sentimentos, descansar de tudo e de todos, ir além do pensar e do não pensar. Porém, há um local entre, *in between*, no Japão chamado de *aida* ou *ma*. Esse espaço entre o ser e o não ser. É como o espaço entre dois edifícios em uma grande avenida, o espaço entre você e o teto da sala, entre o céu e a terra. Há tanto, tanto, como nas entrelinhas...

Durante as práticas meditativas podemos observar inúmeros pensamentos – palavras, imagens, sensações, percepções – e subsequentes conexões neurais que causam, são e manifestam-se por meio dos pensamentos e dos silêncios, atravessando os diversos níveis de consciência dos seres humanos. Um incessante ir e vir de energia elétrica entre neurônios, axônios e dendritos, onde não há nem ir nem vir, nem ficar nem se levantar... apenas energia circulando, aumentando, diminuindo, cessando, recomeçando.

Também podemos observar os espaços entre os pensamentos, as pausas, os pontos, os respiros. Esses espaços se tornam mais amplos, com a nossa observação atenta, e o não pensar se esclarece. Será que estou pensando não pensar ou o não pensar está acontecendo sem eu pensar? Há tantas possibilidades. Investigue.

Chegue ao lugar (*basho*, em japonês) onde não há palavras, imagens, expectativas.

Deixemos de contar histórias para nós mesmos, deixemos de rever as histórias passadas e abandonemos qualquer expectativa de ganho.

Pura presença. Conscientemente presente, capaz de apreciar cada milésimo de segundo, sem nem mesmo a ideia de estar apreciando.

O ser que abandona qualquer identidade separada, qualquer noção de um eu especial, diferente, único, independente e fixo liberta-se de si mesmo.

Assim avança em direção ao não ser. Sem medo, sem expectativas. Apenas inspirando e expirando conscientemente. A caixa torácica se expande e se contrai. Todo o corpo participa do fluxo respiratório. O respirar se torna sutil e profundo. Pode até mesmo dar a sensação de quase não estar mais respirando.

Algumas pessoas aqui se assustam e querem voltar ao estado anterior. Sem os devidos apoios e ensinamentos, têm a sensação de perder o controle sobre seu corpo e sua mente. Abrem os olhos, certificam-se de onde estão, voltam às sensações corpóreas de conforto e desconforto. Aceleram as inalações e exalações, o coração pulsa com mais rapidez e sobra apenas uma leve memória de uma possibilidade assustadora de deixar de ser. Não é a morte. Chamamos do aquietar da noção de uma individualidade independente.

Nesses breves instantes podem – ou não – surgir imagens mentais, e estas podem ser projetadas em uma parede branca à sua frente. No Japão isso é chamado de *makyo*.

A mente projeta na parede branca imagens que se formam e se desfazem. São sutis, como se fossem feitas de pontos de luz multicoloridos, cujo sentido só a própria pessoa pode realizar. Uma forma de comunicação entre aspectos mais profundos da mente, ou entre a consciência sutil e a consciência comum.

Há pessoas que nunca passam por essa etapa de visões e saltam quanticamente para a compreensão clara. Cada um de nós é único. Não se compare.

Queremos entender. Temos perguntas e questões existenciais profundas. Não meditamos para relaxar e ficar bem. Meditamos para penetrar a verdade, reconhecer nosso papel e nossa funções possíveis no mundo e na sociedade. Nem sempre é agradável. Carregamos em nós todas as sombras e todas as luzes. Quando conseguimos avançar, sem medo e ansiedade, podemos acessar a experiência de *samadhi* – autoidentificação com o todo.

O um é o todo. O todo é o um. Famosa frase zen-budista, repetida, inúmeras vezes, por diferentes mestras e mestres desde o passado mais antigo.

Entretanto, a experiência de cada pessoa urge. Só quem realmente segue as orientações e se aprofunda no grande silêncio consegue acessar o grande despertar.

Estamos todos dentro da pupila do olho de Buda. Somos essa pupila que tudo vê e reconhece. Vazia. Estamos todos na mão de Buda. Precisamos ser essa mão de sabedoria e ternura no mundo. Suporte, apoio, acolhida, salvação, libertação. Santa mão.

Estar no mundo, fazer parte da sociedade onde vivemos e nos tornarmos um dos elementos de transformação do mundo, da sociedade e de nós mesmos.

Ao termos visto, sentido e nos tornado o todo manifesto, acessamos a mente da equidade. Cada partícula, cada forma de vida é tão preciosa quanto a outra. Já não há discriminações preconceituosas.

A mente que discrimina, no sentido de ser a mente que percebe as diferenças entre movimento e quietude, entre uma imagem e outra, continua clara e luminosa. Tão incessante quanto incessante é o movimento de tudo que foi, é e será. Tudo está sempre em constante transformação e movimento.

Em todo o processo não houve nenhum instante de inconsciência. Pelo contrário. Cada vez mais conscientes das necessidades verdadeiras de tudo e de todos, tornamo-nos agentes pacificadores de transformação social, política e econômica.

Um ser já sem ser e ainda assim sendo.

Respiração tranquila, mente tranquila, corpo e mente em equilíbrio, um leve sorriso nos lábios, como se houvesse provado de um néctar celestial. Entretanto, sem nenhum orgulho nem mesmo afirmação de haver acessado o grande despertar. Pois, se houver a noção da separação, de ser diferente das outras pessoas, distancia-se do estado da comunhão sagrada. Não ficamos nesse local.

Como alguém que houvesse feito um mergulho em águas profundas. Houve mudanças respiratórias. De repente tudo ficou claro e brilhante. Alguns mergulhadores iniciantes devem sempre mergulhar com pessoas mais experientes. Muitas vezes se deslumbram com sua experiência e com a oxigenação cerebral e podem perder a noção da tênue separação entre vida-morte e permanecer para sempre no fundo do mar.

Já nos processos meditativos, é impossível que isso ocorra. Por mais extraordinária que seja a experiência – e é única para cada um de nós, em momentos diferentes da nossa vida –, sempre abrimos os olhos, respiramos mais profundamente, um sino toca e nos levantamos. Aqui estamos, em meio a uma experiência mística extraordinária e, ao mesmo tempo, seguindo o fluxo de todos na sala, caminhando lenta e humildemente. Como somos pequeninos e frágeis diante da grandiosidade do cosmos.

Sairemos diferentes desse retiro. Essas experiências geralmente ocorrem depois de três ou quatro dias de meditação contínua, em um grupo de praticantes e de professoras/professores de nossa confiança. É preciso estar em um local tranquilo e adequado para a prática. Deixar de lado todas as preocupações mundanas. Bloquear celulares. Evitar até mesmo leituras inspiradoras. Participar de todas as atividades agendadas durante o retiro e manter o nobre silêncio.

Manter o nobre silêncio significa não se comunicar por gestos, olhares, toques ou fala com outras pessoas que estejam praticando conosco.

Há momentos em que nos sentimos tão intimamente conectados uns aos outros, como se pudéssemos ouvir os pensamentos de quem está na sala. Cuidado! São armadilhas do caminho. A pessoa que se sentir separada e capaz de poderes raros corre o risco de ficar nesse nível mental e não conseguir mais avançar.

Todas as mentes estão unidas.

Há momentos de grandes turbilhões, e você pode escolher diálogos mentais imaginários com suicidas, assassinos e suas vítimas. Como se pudesse evitar crimes e libertar pessoas. Tente. Será real ou fantasia? Importa? Se, no seu processo mental, imaginário ou real, alguém desistir de se matar ou de matar alguém, isso já terá valido mil horas de prática. Porém, não se orgulhe, não comente. Siga humilde como se nada houvesse.

Certamente é adequado perceber esses estados e escolher o caminho da não violência, da compreensão e do afeto – mesmo que seja imaginário, é real. Deixe passar.

Nunca se detenha. Nem em imagens lindas e suaves, nem em situações obscuras e tenebrosas. Apenas continue meditando, mantendo a postura correta e a respiração consciente – nosso fio terra.

Sem desejo de se sobrepor, de dar um grito de vitória. Sem medo de perder, de morrer, de deixar de sofrer, de deixar de ser. Lembre-se: estamos apenas adentrando a intimidade de nossa própria mente, do nosso próprio ser – interligado a tudo e a todos.

Estamos em uma sala de meditação segura, confiamos em nossos parceiros e parceiras de prática e sempre podemos conversar com as pessoas que estão orientando. É uma prática de mais de 2.600 anos. Confirmada cientificamente.

Caso você nunca tenha tido experiência semelhante a que descrevi anteriormente, tudo bem.

Há pessoas que, talvez por um maior aprofundamento espiritual por meio de outras práticas, já passaram por essa senda. Agora simplesmente apreciam cada instante do retiro em profunda gratidão e humildade.

Sem desejos, sem apegos, sem rejeições – apreciamos a vida, e, mesmo em meio a grandes adversidades, podemos acessar esse nível de sabedoria revelada durante um retiro para lidar de forma adequada com as circunstâncias. O despertar da mente é a capacidade de reconhecer o que é, assim como é; lembrar-se da transitoriedade e agir de forma adequada para evitar sofrimentos, dores, angústias. Mesmo sabendo que sofrimentos, dores, angústias são impermanentes, que desaparecerão como a espuma do mar, cuidamos e agregamos atenção a cada borbulha da espuma na praia.

Mais adiante, sabemos que todos podem contemplar o nascer e o pôr do sol e da lua. Todos podem apreciar e agradecer cada instante sagrado da existência.

Sem a humildade, a procura, a determinação, a resiliência, o encontro com o sagrado nunca é completado de forma que transforme cada um de nós e a todos nós.

No *Sutra do Diamante*, um dos ensinamentos da Sabedoria Perfeita, Buda afirma que não há ensinamento a ser ensinado, ninguém a ensinar e ninguém a aprender, e por isso mesmo há ensinamento, há mestras e mestres e há discípulos e discípulas.

Há toda uma linguagem sucessiva de seres despertos revelando a não linguagem.

Há um sutra sobre um leigo, na Índia antiga, que se tornara um grande sábio. Era tão hábil em seus ensinamentos, capaz de derrubar e provocar mesmo os monges e as monjas mais avançados da comunidade de Buda. Seu nome era Vimalakirti, discípulo de Xaquiamuni Buda.

Seus ensinamentos foram transcritos para o chamado *Vimalakirti Nirdesa Sutra*. Até hoje há muitos monásticos que não confiam nesses escritos.

A seguir alguns trechos bem interessantes de Vimalakirti ensinando a monásticos sobre o Darma, a Lei Verdadeira, os ensinamentos superiores. Buda não criou o Darma. Buda percebeu, entendeu, como Newton com a Lei da Gravidade. Eis o que rege:

O Darma deve ser ensinado de acordo com a realidade:

- O Darma é atemporal e imparcial.
- Abnegado, livre de desejos.
- Inanimado, independe de nascimento e morte.
- Impessoal, dispensando origens e destinos.
- O Darma é paz e pacificação, pois está livre de anseios.
- Não se torna um objeto, pois está além das palavras.
- É profundamente inexprimível e transcende todo movimento da mente.
- O Darma é onipresente, como o espaço infinito.
- Sem cor, marca ou forma, livre de todo processo.
- Sem o conceito de "meu", porque está livre da noção habitual de posse.
- Sem ideal, pois está livre da mente, do pensamento ou da consciência.
- Sem presunção de condicionalidade, porque não se conforma às causas.
- Penetra todas as coisas uniformemente, porque tudo está incluído no absoluto.

- Sem ir e vir, porque não tem início ou fim.
- Vazio, indescritível, sem marcas, livre de presunção e repúdio, porque é desprovido de desejo.
- Sem apego e aversão, sem nascimento ou destruição.
- Sem qualquer consciência fundamental, transcende os limites do olho, do ouvido, do nariz, da língua, do corpo e da mente.

Até mesmo a expressão "ensinar o Darma" é presunçosa, e os que a escutam ouvem mera presunção. Em contrapartida, onde não há nenhuma palavra presunçosa, não há professor do Darma nem ninguém para escutar nem ninguém para entender. Deve ensinar o Darma mantendo a mente atenta e consciente. Deve ensinar em sintonia com respeito às faculdades espirituais dos seres vivos.

Em outro trecho, o próprio Buda, querendo tornar os ensinamentos mais claros a todos os presentes, manifesta-se: "Quando você vê o Tathagata, como o vê?".

Tathagata é um epíteto de Buda e significa aquele que vem e vai do assim como é. Ou seja, está sempre no presente absoluto, em presença pura, sendo sem ser.

> Em seguida, Buda disse ao Lichavi Vimalakirti:
>
> – Nobre filho, quando vês o Tathagata, como tu o vês?
>
> Assim interrogado, o Lichavi Vimalakirti disse a Buda:
>
> – Senhor, quando olho o Tathagata, eu não vejo nenhum Tathagata. Vejo-o como não nascido no

passado, não passando para o futuro e não residindo no presente:

Ele é a essência cuja realidade é a matéria, mas ele não é a matéria.

Ele é a essência cuja realidade é a sensação, mas ele não é a sensação.

Ele é a essência cuja realidade é o intelecto, mas ele não é o intelecto.

Ele é a essência cuja realidade é a motivação, mas ele não é a motivação.

Ele é a essência cuja realidade é a consciência, mas ele não é a consciência.

Como o elemento espaço, ele não reside em qualquer dos quatro elementos.

Transcendendo o âmbito dos olhos, das orelhas, do nariz, da língua, do corpo e da mente, ele não é gerado por intermédio dos seis sentidos.

Ele não se prende aos três mundos.

Está livre dos três obscurecimentos.

Associado à tripla liberação.

Dotado dos três conhecimentos.

E verdadeiramente atingiu o inatingível.

O Tathagata atingiu o extremo não apego com relação a todas as coisas, embora não seja uma realidade-limite.

Ele repousa na Realidade Última, embora não haja nenhuma relação entre esta e ele próprio.

Ele não é gerado a partir de causas nem depende de condições.

> Ele não é desprovido de características nem possui qualquer característica.
>
> Ele não tem natureza única nem qualquer diversidade de naturezas.
>
> Ele não é uma concepção nem uma construção mental nem uma não concepção.
>
> Ele não é a outra margem nem esta margem nem a margem entre ambas.
>
> Ele não está aqui nem ali nem em qualquer outro lugar.
>
> Ele não é isto nem aquilo.
>
> Ele não pode ser descoberto através da consciência nem é inerente à consciência.
>
> Ele não é escuridão nem luz.
>
> Ele não é nome nem sinal.
>
> Ele não é fraco nem forte.
>
> Ele não vive em nenhum país ou direção.
>
> Não é bom nem mau.
>
> Ele não é composto nem não composto.
>
> Ele não pode ser explicado como tendo qualquer significado seja qual for.

Muito bem. Aquele ou aquela que não pode ser definido(a) ou explicado(a), cujo significado não é oculto nem revelado. Ou seja, onde a dualidade é percebida, compreendida e transcendida. Mesmo que deixemos de pensar de forma dual, ainda assim temos de escolher entre o bem e o mal. Quem escolhe? O que é o bem e o que é o mal? Relativos a cada momento e circunstância. Um bisturi numa sala de cirurgia pode salvar uma vida, mas nas mãos de um assassino pode matar.

Percebemos que o mundo de sofrimento, dores, doenças, mortes é em si mesmo o mundo de alegrias, saúde, nascimento e vida. Há uma enorme interdependência. Nada existe por si só. Se há prantos de tristeza, também há lágrimas de alegria. Se há festas e congratulações, também há faltas, erros e punições. Este é o mundo. Esta é a vida.

"Sansara é Nirvana", ensinava o mestre zen Eihei Dogen, fundador da ordem Soto Shu, no Japão, no século XIII. Sansara é o mundo comum, de altos e baixos, alegrias e tristezas, nascimento e morte, o bem e o mal. Nirvana é o estado de tranquilidade sábia, a cessação das oscilações mentais.

Parecem opostos e contraditórios. Para algumas ordens budistas, são incompatíveis. A vida comum não pode ser a vida de sabedoria. Apenas com o fim da existência, as pessoas poderiam acessar o Nirvana, a tranquilidade verdadeira. O corpo estaria sempre necessitando de atenção, afeto, alimentos, curas...

Na tradição Mahayana – Grande Veículo –, o mundo de paz, sabedoria, tranquilidade está exatamente aqui, onde estamos. Quando despertamos, quando observamos em profundidade e compreendemos nossos vários estados mentais, podemos usá-los de forma sábia e compassiva. Ao fazê-lo, sem apegos e aversões, adentramos Nirvana.

A confusão do dia a dia, as perdas, os desamores, os abusos, as traições, as invejas, as injúrias e as agressões – todas essas coisas representam oportunidades de praticarmos e desenvolvermos a condição de compreender e responder de forma não violenta. Fácil? Quem disse? Difícil, e é por isso mesmo que exige prática, treinamento, adestramento.

Livres do eu menor – ao qual damos funções importantes como contar as expirações, ou nos avisar de nossas necessidades biológicas –, podemos adentrar o grande eu e livremente ser.

Será possível ser feliz mesmo diante de abusos e excessos, mortes prematuras por falta de leitos e tratamentos, inexistência de oxigênio?

Respirar, queremos respirar livremente, e para tanto precisamos de ar puro e condições físicas saudáveis, sem pressões internas ou externas. Máscaras de pano, de papel, de oxigênio.

A primeira coisa que fazemos ao sair do útero materno é inspirar e expirar. Respiração é vida. Quando expirar e não inspirar mais, o cérebro e todo o sistema entrarão em colapso – a menos que haja um apoio, um aparelho, um respirador.

Aos que não conseguiam respirar em Manaus deram morfina para que a morte por asfixia fosse indolor, pois não havia mais oxigênio disponível para os respiradores.

Desorganização, confusão, más administrações. No Brasil e no mundo todo. Podemos aprender, corrigir os erros e transformar. Pessoas se juntaram para enviar oxigênio, países, grupos religiosos. Solidariedade. Mesmo assim, o vírus se espalha pelo mundo e muito mais pessoas se contaminam. Nossa! O que fazer?

Ciência. A ciência responde e atende à demanda de tantos pacientes.

Haverá mudanças maiores do que poderíamos ter imaginado. Que sejam para o bem. Oro, invoco, medito e me trancafio em casa. Observo as pessoas nas ruas, sem máscaras. Observo e compreendo seu desespero e sua vontade de que tudo volte a ser como era, ou mesmo sua tentativa de imaginar que não está acontecendo nada, negando a pandemia.

Alguns querem que o mundo volte a ser o que era, sem se dar conta de que nada nunca volta a ser o que já foi. Jamais será como era. Mas quem sabe possa ser melhor? Pense sobre isso. A Terra gira em torno de si mesma e do Sol. Ela não volta ao passado nem ao minuto que se foi. Sempre adiante. Sempre em frente. Um-dois, um-dois. Peito saliente e ventre recolhido. Marchemos.

Que a nossa marcha seja do apreciar a vida, do lamentar as mortes, do acalmar as dores, do cuidar do que pode e deve ser cuidado, com respeito e dignidade a cada manifestação sagrada.

Afirmativa e negativa sem se opor uma à outra, sem necessidade de chegar a uma síntese. É uma das possibilidades da mente humana e das sociedades humanas. Podemos desenvolver uma forma de pensar não dual. Mesmo assim, vivemos a dualidade.

O certo e o errado, a vida e a morte, a tranquilidade e a ansiedade, o medo.

Textos clássicos do zen afirmam que Sansara – o mundo dos fenômenos, das dores, das insatisfações – é o mesmo que Nirvana – o estado de bem-estar, de quietude, da cessação das dores, das insatisfações.

Quando o afirmativo e o negativo se fundem, é e não é, simultaneamente. Passa a ser uma estrutura bicondicionada. O esvaziar-se de si não significa esvaziar a mente, mas perceber que nada nem ninguém possuem ou podem manifestar uma autoidentidade substancial, permanente, independente e separada.

Esvaziar-se de ideias e conceitos sobre quem você é, como pensa, como age, para poder escolher quem é, o que é, como pensa, escolher a ação, a palavra, o gesto, o pensamento. É possível, sim. Precisamos de muito bom adestramento, como dizem os bombeiros. Podemos nos tornar excelentes.

Adestrar pessoas. Adestrar a mente. Aprender a pensar e ir além do pensar e do não pensar.

Frase para reflexão: O presente absoluto é a *matrix* autotransformadora de vários e de um.

Negar. A via negativa. Ao negar, posso estar afirmando? Negacionismo. Negativismo. Via negativa. Negativo da foto. Negar.

A afirmação está em todas elas. O negativo da foto se abre a todas as possibilidades de revelação. Vamos revelar o que é, assim como é? Negando e afirmando simultaneamente. Disse, não disse, dissesse, e daí? Impacientemente, respondemos às indagações para as quais não temos respostas.

Todos queremos ser amados, respeitados, reverenciados. Entretanto, sem muita clareza, podemos causar mais desamores que ternura. Isso aumenta a tensão e surgem as respostas agressivas.

Será que podemos parar de brigar, de cultivar ódios e raivas? Isso tem a ver com o eu pequeno que nos habita. Deixe-o quietinho, acolhido, reconhecido.

Precisamos dele. É importante, fundamental para nossa sobrevivência. Convivamos com nosso eu menor. Reconheçamos seu valor e suas funções. Apenas não o deixemos tomar as rédeas de nossa vida.

Chame para a sala de visitas o grande eu, forte, suficiente, solidário e amoroso, que nos habita. Dê-lhe vida. Pranteie os mortos, cuide dos vivos, faça novos amigos, ouça as críticas e considere se há algo a ser feito a respeito.

Não insulte, não esconda, não minta para você e para o mundo. Vamos lá, todos e todas podemos. Olhar em profundidade para nós mesmos e transformar em luz toda e qualquer escuridão.

"Negue tudo, minha filha. Negue tudo." A mãe aflita pedia à filha que não confessasse seu envolvimento em um crime de transporte de drogas. Quantas mulheres presas por serem "mulas", transportarem drogas para alguém ou por alguém. Na penitenciária feminina de São Paulo, encontrei mulheres belíssimas, grandes cantoras, atrizes, apresentando um espetáculo de fim de ano organizado por professoras de ioga. Fui convidada a assistir a um espetáculo único. Havia dor, sofrimento, e havia arte, emoção. Muitas estrangeiras. Algumas negavam, outras afirmavam. Compartilhavam celas, memórias, saudades. Compartilhavam a vida.

Devo, não nego. Pago quando puder. Algum dia poderá? O que não se paga aqui pagar-se-á acolá. Onde é acolá? Depois da morte?

Reconheço que estou devendo. Afirmo. Não pago agora. Talvez não pague nunca. Quando puder é sem limite. O prazo é de acordo com o sentimento ético de cada um. Alguns se apressam a criar causas e condições. Outros nunca consideram ter o suficiente para poder pagar. Assim o nosso barquinho da vida navega por correntezas e mansidões. Não somos iguais, somos semelhantes. Nego a igualdade e afirmo a semelhança, a mesma família humana.

Não a família nuclear – essa é a origem do câncer social. A imagem idealizada de um lar onde pai, mãe e filhos vivem em perfeita harmonia e respeito nem sempre corresponde à realidade. Quando o real se apresenta, nu e cru, descobrimos erros e faltas, insuficiências e abusos das mais variadas formas.

Então procuramos pela família verdadeira: pessoas que partilham de ideais e práticas semelhantes, procuras, pesquisas e estudos com os quais nos identificamos e formamos uma *sanga*, uma comunidade em harmonia. Ocasionalmente pode incluir pessoas de consanguinidade próxima. Outras, não. O que importa é o que importamos, o que colocamos para dentro de nós, o que vamos nos tornando no processo incessante de aprender, desaprender, reaprender, ser, interser, não ser.

Nada a ganhar e nada a perder – assim vivem os seres que despertaram, conhecidos como pessoas de sabedoria.

O que é a sabedoria? Indescritível em palavras e ainda assim usamos as palavras para apontar uma direção, uma possibilidade. No *Sutra da Perfeição da Sabedoria* é usada a via negativa: não são os olhos, os ouvidos, o nariz, a boca, a pele nem a mente, a consciência.

É o que não pode ser compreendido pela mente humana comum, o que está além dos conceitos e, assim, além da ética, da estética, da moral, dos valores, dos princípios.

O que é? O que não é sem deixar de ser? O nome que não é um nome, pois não cabe em um nome. O ensinamento que não é ensinamento, pois não há nada a ensinar, não há quem ensine nem alguém a ser ensinado. A oferta que é não oferta, pois o que é dado, quem doa e quem recebe – todos são vazios de uma autoexistência independente e separada.

A via negativa não nega.

O negacionismo é uma palavra nova – negar a realidade do assim como é. Mas a própria negação é uma afirmação. Por exemplo: "É só uma gripezinha, não temam. Sejam homens, nada de maricas. Se ficar doente, que fique. Se morrer, que morra".

"Procure sobreviver. Para que máscaras e medos? Muitas pessoas serão contagiadas: a maioria sobreviverá. Assim, pelo que me disseram, não há nada a ser feito. Vamos continuar trabalhando, cuidando da vida, porque, por mais que fechemos tudo e nos isolemos, não haverá outro jeito: o vírus vai se instalar entre nós."

Muitos pensavam, pensam e ainda pensarão dessa forma. Ficam ofendidos se alguém negar sua maneira de pensar. Por quê?

Há pouco tempo, frei Betto e frei Leonardo Boff afirmaram em uma *live* durante a pandemia: "Morrem mais pessoas de fome no mundo do que esta pandemia poderá matar".

O que está sendo feito pelos pobres, pelos miseráveis? Os invisíveis que preferem se manter invisíveis. Há muitos.

"Não olhem para mim. Sua bondade me enjoa. Quer me dar um prato de comida, uma esmola, uma roupa? Mas eu sou uma rainha. Vivo na rua, o meu reino. Livre e solta. Não preciso de você e de nada seu ou que venha de você", disse uma moradora de rua em Higienópolis. Estaria enlouquecida ou teria mais sanidade do que muitos moradores do bairro, aprisionados em suas gaiolas de ouro?

"Furaram os olhos do assum preto,

para ele assim cantar melhor.

(...)

Mil vezes a sina de uma gaiola

Desde que o céu, pudesse olhar."[8]

E ainda há quem fure os olhos de um pássaro para ele cantar mais.

Muitos perdem a liberdade e se conformam com uma vida de certo luxo, evitam olhar as pessoas de rua, seus pés sujos de poeira e a sola grossa, calejada de tanto andar.

Nas casas e nos apartamentos espaçosos, negam-se a receber hóspedes. Precisam de podólogos, psicólogos, médicos, cuidados mil. Alguns perdem a capacidade de ver a realidade. Deficientes como o pássaro negro.

---

8   Luiz Gonzaga, "Assum preto", canção de 1950.

Cantam assim melhor o subir e descer das ações nas bolsas de valores. Importam o não importante: carros, relógios, roupas, equipamentos. Vivem o vazio existencial tão diferente do vazio zen, do vazio de haver penetrado a essência da existência. Quem neste segundo vazio adentrou não desistiu de pensar, de questionar, de observar em profundidade, de ensinar, de partilhar conhecimento, mesmo com a retina danificada pelas mãos bem pagas de um cirurgião estrangeiro.

"Não desista de mim", repetiu-me uma praticante zen. "Não desista você, de você mesma", respondi.

Nas redes sociais, vejo e ouço José Mujica e a sua fala no Senado do Uruguai:

"Jovens, já vivi muito. Já passei por muitas coisas. Político precisa estar com o povo. Agora não posso, sou doente, vulnerável e não posso estar com o povo; logo, não posso mais ser senador. Ter sucesso, vencer, não é poder e riqueza – é não desistir. Cair e levantar e levantar e levantar".

Lembrou-me uma história do século VI, na China, do mestre Engaku Bodaidaruma, indiano, considerado o fundador do zen, que ensinava: "Cai sete vezes, levanta-se oito". Você se levantou hoje? Acordou? Despertou? Mantenha a mente alerta.

Hoje quando assisto a televisão, filmes, novelas onde os personagens estão sem máscaras e em aglomerações, todas as cenas, falas, relações me parecem falsas, antigas, absurdas, irreais. O que vivemos ou o que deveríamos ver seriam ruas desertas, lojas fechadas, pessoas de máscaras, distantes, solitárias.

A TV italiana, que sempre parece tão distante dos dramas que vivemos, apresentou um documentário real. Triste, doloroso, com escaras nos pés dos pacientes entubados, unhas grandes – quem teria tempo de cortá-las? Onde estão os podólogos nesse momento? Sem voluntários para cortar cabelos, fazer barbas, unhas, escovar dentes, contar histórias, falar de Deus. Odores de corpos e de higienizadores. Equipe de saúde exaurida. Muita dor, muita dor, e somos todos seres humanos. Exaustos de participar de tanto sofrimento, de tanta angústia.

Os hospitais sobrecarregados. Sem espaço para cuidar dos infectados. Abrimos hospitais de campanha por todo o país. Depois fechamos e mandamos embora, sem bônus, nossos chamados heróis da medicina.

E depois? Médicas e médicos, estudantes de medicina e enfermagem, chamamos todos para atender quem pode ser atendido? Teremos de aumentar alas hospitalares onde ficavam salas de espera, cafés, corredores. Haverá mortes, e hei de chorar cada uma delas. Entretanto, não posso evitar que morram nem que se contaminem. Máscaras, luvas, água e sabão, álcool em gel – nada será capaz de conter a pandemia do coronavírus?

"Vamos trabalhar. Vamos viver. Viver até morrer. E a morte pode ocorrer por diferentes razões, e não apenas pelo vírus. Muitos de nós já fomos infectados e passou, sobrevivemos. Você vai sobreviver se estiver forte, se não tiver medo."

Será? Será que o não medo, a imprudência, evitaria a contaminação?

Minha amiga, dra. Glória Brunetti, infectologista do Hospital Emílio Ribas, garantiu-me: "Os neuróticos sobreviverão".

Ela se referia aos que não saíram de casa, que não receberam ninguém em nenhuma circunstância, temendo a doença, as dores, a necessidade de respiradores, de fraldas, assaduras, rachaduras, mais dores...

Nas ruas, nas praças, ouço pessoas, sem máscaras, cantando, gritando, comendo, dançando, aglomerando-se. Compreendo suas necessidades de contato, de afeto, de festa. Vontade de esquecer e viver como se nada houvesse. Adianta ficar trancada, neuroticamente fechada, assustada?

"Não estou negando a realidade. Foi o que me contaram, o que afirmaram e sugeriram que não contássemos ao povo, com medo de que houvesse desespero, mortes, ataques a supermercados, lojas, assassinatos, roubos, invasões."

"Se dissermos a uma população de centenas de milhões de pessoas que ela poderá se infectar e morrer, se essas pessoas souberem que o processo vai levar de dois a três anos, que talvez tenhamos de viver com precauções por uns dez anos... O que poderá acontecer?"

"Se faltarem mantimentos, se faltarem medicamentos, o que acontece com uma nação?"

"Se os caminhões deixarem de transportar bens necessários, se os trens pararem, se todos ficarem fechados em casa, todos irão fenecer."

Assim muitos pensam, pensaram e pensarão. É uma forma de lidar com a realidade incontrolável de um inimigo invisível, sem condições de saber suas ações. O vírus.

"O tsunami das contaminações vai chegar. Preparem-se!", alarmam alguns pelas redes sociais.

Quando um tsunami se forma é medonho. Alguns sobrevivem nas áreas mais altas das montanhas onde o fluxo de água, fortíssimo, não alcança. Perde-se tudo. Casas, culturas, dinheiro, farturas. Perdem-se a vida e a economia. Será?

A Covid-19 descontroladamente se espalhando e terminando com toda uma civilização mundial? Um novo mundo a nascer deste antigo arquejante?

Há os vírus internos, das mentes doentes por falta de afeto, de identificação, de empatia. Como combater a ignorância de quem não pode, não quer, não consegue lidar com tanta dor?

Carpe diem. Já que tudo é transitório, já que todos vamos morrer, vamos fazer o que nos der na telha e ninguém poderá nos conter.

Doenças mentais, dificuldades neurais – *cabin fever*.[9]

Aí está. Rindo desvairadamente, chorando copiosamente. Descontrole. Suicídios e assassinatos. Ódios, brigas, hospitais psiquiátricos lotados. Surtos e mais surtos. Medo, pavor, pânico. Gritos, correrias.

E vejo o pessoal da Cracolândia,[10] que resolveu atacar os carros nas ruas, quebrar vidros, arrebentar faróis e retrovisores de desconhecidos.

Parecem cenas de filmes de ficção científica sobre um futuro sinistro para os habitantes da Terra. Degradação, roubos, todos vestidos

---

9   Febre da cabine, na tradução em português, refere-se aos sintomas psicológicos que uma pessoa pode manifestar quando passa um longo período confinada em casa. (N.E.)

10 Determinada área do centro de São Paulo ocupada por dependentes químicos e traficantes, geralmente de *crack*. (N.E.)

com trapos, ruas superpovoadas, imundas, submundo para todos, gangues, brigas, intrigas... Será?

Será que não podemos imaginar um futuro de seres humanos despertos, que cuidam e compartilham, que vivem em harmonia?

As geleiras derretem. Mais agora do que antes. Derretem. Aquecimento global. Será que podemos impedir que a Terra aqueça novamente como aconteceu na época de Noé? Relatos históricos ou fantasmagóricos?

Vamos criar possibilidades até hoje consideradas impossíveis, como o fim das guerras e pessoas vivendo em harmonia?

A natureza naturalmente se transformando e a humanidade se humanizando?

Humano de húmus, de filhos e filhas da Terra, humildes. Pó. Pó de estrelas. Não o pó que vicia, perverte, destrói as narinas e cria seres cheios de si. O pó da terra é o sal? Não o pó branco.

O pó da mistura de todas as cores, mais avermelhado em alguns locais, mais amarelado em outros, esbranquiçado, marrom, preto – como há em dunas de Fortaleza.

Aqueles vidros cheios de areia colorida com desenhos de barcos, de coqueiros, de jangadas. Natural. São areias de várias tonalidades. Somos todos humanos de várias nacionalidades. Muda a cor, muda a etnia, falamos línguas diversas e podemos nos entender.

Podemos nos reconhecer humanos. Podemos criar causas e condições para que haja mais florestas, matas, serras, águas puras, fontes sagradas.

Onde, com raras exceções, viveremos em harmonia. Haverá dificuldades, excentricidades, mas haverá cuidado e respeito.

Novos sistemas de aquecimento durante o inverno e possibilidade de nos refrescarmos nos dias quentes.

Novos sistemas de comunicação e facilitação da vida.

Seremos mais longevos e mais produtivos. Idosos experientes se reunirão em conselhos de anciãos para aconselhar, ensinar, educar e provocar reflexões sábias.

A inteligência desabrochará do treino, e não do local do nascimento. Estaremos mais integrados à natureza e mais cuidadosos com nossas filhas e nossos filhos.

Sim, as crianças que são de todos nós.

Haverá sabedoria e ternura desabrochando em cada criatura. Não haverá miséria nem fome. Administração coletiva. Suficiência e satisfação gerando alegria e felicidade.

Saberemos apreciar a vida e não temer a morte nem almejar a eternidade.

Nossa finitude reconhecida e nem por isso abusada.

Sem apegos e sem aversões, vamos viver cada instante com intensidade, lembrando-nos de que estamos entrelaçados a tudo e a todos – desde o passado mais distante ao futuro inimaginável.

Por que pensar apenas em futuros de guerras, com os mesmos paradigmas de ganância, raiva e ignorância? Independentemente de tecnologias, viagens espaciais e outras descobertas científicas, será que o ser humano não terá condição de sair da subcondição humana e não poderá se alçar a níveis superiores de consciência?

É a hora. Não negue a si e a todos os seres humanos a capacidade de modificar os circuitos neurais e desenvolver habilidades impensadas de amor, ternura e amizade.

Afirme a verdade. Permita que o maior número de seres desperte. Vamos cuidar e apreciar as matas e as cidades. Compartilhando bens, compartilhando a vida. Menos drogas, menos crimes. Mais afeto e inclusão, possibilidade de cada um desenvolver sua aptidão. Comida, escolaridade, sistema de saúde e amizade. Gente gostando de gente. Sem um querendo ser melhor que o outro. Sem inveja, sem cobiça, sem intrigas e assaltos. Viver em harmonia.

É difícil pensar nessa possibilidade? Amadurecimento geral. Deixemos de ser tolos para alçarmos altos voos em direção à luz que revela a verdade de outras maneiras de ser, de produzir, de partilhar.

É possível. Venha comigo. Vamos visitar esse povo do futuro, do meu futuro. Vivem em casas confortáveis. Tratam-se com gentileza. Amam incondicionalmente. Estudam e aprendem. Valorizam a vida e compreendem a morte. Capazes de curar e remediar. Capazes de acordos diplomáticos, que permitem o compartilhamento de bens, alimentos, vacinas, remédios. Diplomacia e diálogo capazes de impedir guerras e conflitos armados.

Aliás, não haverá armas mortais.

Não precisaremos ser controlados pela Inteligência Artificial, pois teremos despertado. Um planeta de seres iluminados e benéficos. No verão, vestes leves, transparentes. Haverá gordos e magros, altos e baixos, de todos os tipos de cor de pele, olhos e narizes. Diferentes profissões e aptidões. Artistas, cineastas, cartunistas brincando e entretendo, fazendo pensar, rir e chorar.

Memórias gigantescas em museus incríveis relembrando as eras em que havia guerras, medos, pandemias, censuras, torturas e a incapacidade de viver em harmonia.

Sociedades anárquicas e organizadas para o bem de todos os seres – ética viralizada, transmitida, contaminada. Sentida, interiorizada de maneira tão profunda que nem é preciso ser mencionada.

Gente de bem. Gente de palavra. Gente boa. Que não guarda raiva nem rancor. Que sabe rir de si. Que encontra seu olho de vidro se tornando também olho de verdade. Capaz de sonhar e dormir bem. Prudentes e confiantes renascendo a cada instante como o sol nas manhãs singelas.

Mar, mar de ondas indo e vindo. Água salgada. Sem poluição e lixo espalhado. Pelo contrário. Reciclagem total, limpeza, fragrâncias agradáveis no ar.

Terra plana e terra montanhosa. Neve, geleiras, sol e mar morno. Desertos e florestas tropicais, temperadas.

Planeta vivo e pulsante de energia solar e lunar. Alegria de viver, de ser, interser e partilhar.

Momentos do coletivo, momentos individuais. Tudo é possível. Inclusive a tristeza, o pranto, a saudade e o acalanto.

Mas foi preciso passar pela grande depressão. Fomos ficando tristes e empobrecidos de ideias. O futuro parecia tenebroso, e muitos se mataram. Outros matavam outros, por medo de ser descobertos frágeis e fracos. Foram eras duras, difíceis. Ninguém confiava em ninguém.

Todos questionavam tudo e todos.

Paranoia geral. Conspirações e pirações gerais.

Drogas, armas, crimes, genocídios, feminicídios.

Cadeias lotadas, policiais e políticos corruptos.

Os bons sendo expulsos e afastados, renegados, ostracismo generalizado a quem não seguisse os rumos autoritários.

Houve pandemias e pandemias. Falta de alimentos e medicamentos. Surtos, roubos, abusos.

E fomos nos cansando. Cansando do medo e da repressão. Cansando dos autoritarismos e dos controles midiáticos. Controles das câmeras e dos assessores de TI.

Meditamos. Crescemos. Despertamos. Cada um que despertava estimulava multidões a despertar. Os mecanismos mentais foram se modificando. Mais sábios, mais despertos, menos afetados pelos prazeres e sofrimentos.

Percebemos a transitoriedade, agora sim, exposta publicamente. Nada fixo e nada permanente. Ainda assim, vivemos eticamente. Todos interligados.

Reaprendemos a confiar, a amar, a querer bem. Reaprendemos a cerzir relacionamentos e situações para refazer a tessitura social. Foram épocas difíceis, e só temos a agradecer a todos os que construíram o que temos agora.

Alguns se tornaram tristes e perderam a visão. Outros ficaram alegres, mas não podiam mais andar. Muitos ficaram deficientes e com necessidades especiais.

Até que enfim entendemos que todos temos necessidades especiais e podemos fazer brilhar uns aos outros. Não diminuindo a luz alheia, mas juntando nossas cores às cores do arco-íris.

Produções compartilhadas. Fim da fome. Fim da corrupção. Fim dos crimes, dos abusos.

A mente humana mudou. Não foi a vacina ou drogas misturadas às comidas. Foi o despertar da mente. Um despertar coletivo que foi se espalhando, espalhando e se espelhando em cada gota de água.

Até os peixes sentiram. A Terra toda tremeu quando nos demos as mãos de verdade e passamos a apreciar a vida em sua multiplicidade.

Venha comigo e eu conto detalhes do nosso mundo. Aqui brincamos e rimos, trabalhamos, construímos. Algumas vezes choramos, outras nos acasalamos. Vamos indo, vamos indo. Indo bem, muito bem.

Humanos.

O cão escapa do portão e atravessa a rua correndo. Um carro em alta velocidade se aproxima. Viro o rosto. Não quero ver o cão ser atropelado.

Não estou negando o fato, mas é algo que não quero ver, que não gostaria que ocorresse.

Outra possibilidade é alguém tapar os olhos acreditando que, se não olhar, o fato não acontecerá. Há algo na física quântica sobre isso. Entretanto, o negar apenas não é suficiente para que não aconteça. Posso tapar os olhos e ouvir o ruído dos freios, o ganido do cão. Preciso olhar, correr em direção ao animal ferido, tentar salvá-lo da dor, da morte.

Na infância, precisei enterrar dois cães no terreno baldio ao lado da casa de minha mãe. Como doeu... Não adiantou cobrir o rosto.

Já adulta, a mesma cena se repetiu quase no mesmo local. Meu cão, um Akita grande e branco, ganiu e saiu correndo. Correu muito e muito. Levei horas para trazê-lo de volta para casa. Teve um sangramento na urina, mas viveu outros dez anos.

Teria isso acontecido por eu ter virado o rosto, ou por ser ele um cão de porte maior e mais forte, nada tendo a ver com o meu olhar?

Será que somos responsáveis pelos acontecimentos de nossa vida, pela intencionalidade, pelos pensamentos que levam algo a se manifestar? Ou somos irresponsáveis e apenas testemunhamos a realidade, sem participação direta?

Há um caminho do meio. Somos responsáveis pelo que vivemos e vivenciamos, por nossas escolhas e pelos padrões que desenvolvemos. Por isso a importância do desaprender, do desapegar, do soltar para reler a própria história, seus livros antigos e novos e reescrever a vida.

Pensar.

Há pensamentos e lógicas – formas de pensar ordenadas, onde cada autora ou autor apresenta suas conclusões após pesquisas, observação e experiência.

Há também a não conclusão, o não saber e o contínuo estudo.

Não pensar.

Podemos conscientemente perceber momentos em que nada pensamos. Apenas estamos presentes. Mas até mesmo essa percepção da presença pode ser entendida como um pensamento. Não pensar não é pensar no nada, ou no vazio. É não pensar.

Sentados ou de pé, deitados ou caminhando, em atividade ou inatividade. Não pensar. Não observar se pensa ou se não pensa. Ser. Interser. Não estar relaxando, observando, refletindo, cantando, olhando, ouvindo. É uma atividade difícil. É a não atividade. Exige treino, adestramento, como falam os bombeiros.

Nós todos podemos ser adestrados, treinados, preparados para a ação direta, além do pensar e do não pensar.

O que é além do pensar e do não pensar?

Mestre Eihei Dogen assim explicava os estados superiores das práticas meditativas do zen-budismo. Nem o pensar nem o não pensar; o além do pensar e do não pensar.

Certa ocasião, um aluno quis chamar de inefável esse estado. Estávamos traduzindo textos antigos. Entretanto, não é o inefável nem o inominável. É além do pensar e do não pensar. Por que dar um nome, escolher uma palavra, um sujeito ou um predicado?

Qual o predicativo do sujeito que foi além sem ir a parte alguma e ao mesmo tempo sem estar em lugar nenhum?

O sujeito predicado de si mesmo. O predicado sujeito de si mesmo. Pensamentos ordenados. Lógica. Lógica do vazio dos cinco agregados. Lógica do não, da língua em ene.

Você não é o braço nem a pele. Você não é o pensamento nem a fala. Você não é a imagem, o reflexo. Mas o braço, a pele, o pensamento, a fala, a imagem e o reflexo são tudo de você.

Olhe no espelho. Observe. Sem fazer caras, expressões. Na neutralidade de apenas olhar. Você não é a imagem no espelho, mas a imagem é tudo de você.

Essa relação é semelhante à relação entre absoluto e relativo. No momento em que entro no absoluto, este se torna relativo, ou eu deixo de ser e me torno o absoluto sem um relativo possível.

Procuramos pela natureza buda, o estado desperto, o caminho. Aqui, o relativo procura o absoluto. No momento do encontro, o relativo desaparece e torna-se o absoluto, a natureza buda, o despertar, o caminho. Entretanto, ao realizar o que acontece, ao perceber a alteração do estado individual, relativo, separado, para o estado absoluto, uno, nesse exato momento já voltou ao relativo.

A morte do eu menor é a manifestação do Eu maior. Entretanto, não é um caso de suicídio, assassinato, morte de um corpo humano ou da mente humana. É a própria mente procurando sua essência. Ao encontrá-la, torna-se a essência, e a individualidade desaparece. Mas voltamos a perceber que por instantes deixamos de ser e adentramos pela porta do não ser, o além.

Não o além dos mortos, das almas, dos espíritos. O além dos sábios e das sábias, dos seres capazes de despertar e consequentemente beneficiar todos os outros seres.

Como diz o professor de física quântica Amit Goswami, "sair do ego para entrar no eco".

Podemos ir além do nosso eu menor e nos percebermos sendo o ecossistema. Quando isso acontece, o ego não morre exatamente, mas assume suas funções básicas, sem exigir atenção, lucro, vantagens, posições. Sem se ofender nem ofender ninguém. Capaz de conhecer, em grande intimidade, a essência do Ser, alegra-se e não se magoa nem magoa ninguém.

"Estudar o Caminho de Buda é estudar o Eu. Estudar o Eu é transcender o eu. Transcender o eu é ser desperto por tudo que existe."[11]

Em outro trecho desse mesmo capítulo, mestre Dogen escreve: "Não é o eu que progride, que avança, em direção ao despertar. São todas as coisas que promovem, que nos levam, que nos conduzem ao despertar".

Pensamos ser melhores que os outros. Consideramos que, se nos adestrarmos bem, se praticarmos com esforço e persistência, obteremos as patentes mais elevadas. Isso pode até mesmo ocorrer. Mas, se não descartarmos a ideia de ganho, não será possível obter o que não é obtível.

A pessoa sem patentes. Além das patentes. Essa, a pessoa da patente mais elevada.

---
11   Genjokoan.

O adestramento tem seus limites. Quando esforço e persistência não são suficientes. E então você vem comigo aprender a desaprender? Esquecer-se de uma forma de pensar que trouxe você até aqui, para o não pensar e além do pensar e do não pensar?

Algumas pessoas sentem medo das mudanças profundas no olhar e das mudanças significativas no interagir – mudanças resultantes da procura pelo significado, pelo sentido, pelo propósito da vida, da morte. Preferem viver na santa ignorância, distantes da verdade e do caminho. Quem nada procura nada encontra, e, se acaso encontra, não reconhece a joia colocada no bolso por um amigo.

Querem estar neste ou naquele partido, ponto de vista, pensamento lógico. Mas esses pensamentos são ilógicos, falsos, imaturos. Desconstrua o que foi construído sem alicerces profundos na verdade. É surpreendente e amedrontador. Sentir-se completamente solto no espaço e no tempo, à mercê dos ventos como as nuvens e as águas.

Sem uma autoidentidade, deixe-me perguntar: Quem é você? O que é você? Não é o nome, não é o gênero, não é a idade, o local onde nasceu, a profissão, a conta no banco, os estudos, a família, os amigos, as preferências e atividades. Quem é você?

Quando for capaz de esgotar todas as possibilidades, terá feito desmoronar o castelo de cartas de baralho. Tudo ficará embaralhado e, ao mesmo tempo, livre, sem uma forma definida, pronto a se tornar o que quer que seja. Ou um castelo na areia da praia ou do parquinho infantil. Pode ser até a areia que vira concreto e constrói casas e edifícios. Se vier uma grande onda – do mar ou dos resíduos químicos das mineradoras –, tudo se transforma.

Reconstruir, refazer. Jamais será o mesmo. Nunca mais será o que foi. Mas será o que é, no processo incessante de se transformar.

Vida é movimento. Morte é movimento. Bate a plaqueta. Filme. Ação.

Quem é você, ator, atriz, antes do papel ou dos papéis reais e imaginários? Quem ou o quê? Como funcionam seus neurônios, dendritos e axônios? Como o olho observa o olho, sem espelho? Líquidos correndo em tubos, eletricidade, alavancas, fios, travas, bombas – tudo em sinergia, funcionando em relação e formando um organismo vivo.

A morte espreita atrás da porta. Será o momento? Fui chamada? Ou seria apenas a morte das palavras, da fala, da leitura, da escrita e a mente viva.

Posso enviar imagens mentais a você, minha companheira de mosteiro no Japão? Você que me estimulou, ensinou, participou com devoção e ética, séria e macia. Como vai? Não fala, não lê nem escreve. Viva. Corpo saudável. Mente vazia de palavras. Que tal imagens? Será que podemos nos adestrar para transmitir imagens mentais?

Não é fácil, por isso mesmo é fácil.

O *Sutra do Diamante* trabalha um modelo mental diferente daquele com que estamos acostumados.

No início é estranho. "Não estou entendendo." Por não estar entendendo, você está entendendo. Compreende? Ao entender que não entende, você entendeu o não entender; logo, entendeu.

Palavras. Palavras. E, no entanto, as palavras podem ferir, matar ou dar vida. Como você usa a linguagem?

Houve um monge zen, na China antiga, hábil em desbloquear mentes aflitas. Às vezes um gesto, um grito, um movimento de braços. Uma frase, um som, no momento certo, e cortava o discurso falso, as *fake news*.

É preciso escanear o corpo, escanear a mente, parte por parte, e reconhecer o incessante movimento transformador, modificador do que era e do que será. Presente no presente.

"*Stalkear* a si mesmo", foi a expressão que o major Diógenes Munhoz, da Corporação dos Bombeiros de São Paulo, me ensinou – entre outras tantas coisas –, durante uma *live* que fizemos em janeiro de 2021.

Palavra nova, moderna – *stalkear*, ligada a pessoas que perseguem, vigiam, seguem outras. Vem do inglês, *stalker*, alguém que persegue outra pessoa, que vigia de maneira obsessiva.

Precisamos voltar o olhar que vigia, observa, segue, quer conhecer, *stalkeia*, para nós mesmos.

Vamos nos *stalkear*? Vamos nos seguir, nos imitar, nos observar, nos conhecer? Isso é o zen.

Conhecer a si mesmo é libertar-se de si mesmo. Libertar-se de si mesmo é ser desperto, iluminado, ter clareza, ver a realidade, tornar-se sábio.

Se eu negar a realidade, onde estarei? Em que limbo fico? Tentando subir por pedras escorregadias, sem ter onde segurar nem com os pés nem com as mãos.

Por mais que tente, não saio do lugar.

Entretanto, se eu conseguir abrir minhas mãos dos meus pareceres sem sabedoria e permitir, a mim mesma, mudar meu olhar e procurar um outro caminho de escalada, verei que, bem ao meu lado, há uma subida natural e leve. O esforço sem esforço.

Olhar para dentro é olhar para fora. Pois não há fora nem dentro. Repare. Não era por ali a sua jornada. Cabeça dura pode ficar macia. Sem ter medo da sua imagem, reconstrua a sua passagem. Sorria.

Eu pensava assim, agora não penso mais. Aliás, fui além do pensar e do não pensar. Além das dualidades, reconheço em mim o bem e o mal. Para tomar decisões é preciso ver a realidade. Para cuidar de um paciente é preciso ouvir, examinar, considerar e oferecer o tratamento adequado.

Negando a doença, a dor, o desconforto do paciente, e mandando-o para casa, dizendo que não é nada, certamente não se chegará à cura.

Pode ser que, por alguns momentos, ele se sinta melhor, sem medo de estar doente, de precisar ser hospitalizado, de passar por cirurgias ou tratamentos que mais lembram celas de torturas medievais.

Uma jovem da periferia chegou ao hospital para dar à luz. Disseram que era muito cedo, que voltasse para casa. Que iria demorar. Que estava tudo bem. Quando ela voltou, no dia seguinte, constataram que o bebê havia morrido.

Pediram que eu fizesse o velório e o enterro. O pai da criança filmava. O caixãozinho branco estava fechado. Disseram para não abrir. O pai abriu. Queria ver seu primeiro filho. O filho morto. Um bebezinho menino, lindo. Erro médico. Erro de atendimento. Por quê? Toda vida importa. Cada vida importa.

Enterramos em uma vala rasa – teria sido na Vila Formosa? Quem estará agora nessa vala? Tantas valas abertas, tantos mortos simultaneamente.

O medo não é de morrer. O medo talvez seja de sofrer muito, antes de morrer. Somente assim alguns conseguem se desapegar do corpo. Corpo que já não funciona direito, que dói.

"Quem não se alegra de se livrar dessa coisa chamada corpo?" – palavras finais de Buda aos 80 anos, doente e com dores fortes.

Penso que só nos alegraremos de nos livrarmos dessa coisa chamada corpo quando esse corpo estiver insuportável.

Por que negamos a realidade?

Negamos por medo. Negamos por não poder fazer nada para que seja melhor. Negamos por não saber lidar com a situação.

E, por negar, a realidade se turva e me confunde. Já não posso confiar naqueles que dizem estar vendo o que não vejo. Preciso exterminar meus inimigos. Há tantos, por todos os lados. Proteger minha prole, meus amigos. Os outros? São os outros e que se virem, que se arrumem. Será?

Quando enfrentamos as crises com a visão correta, somos capazes de decisões acertadas que beneficiam todos.

Quando conseguimos ouvir nossos conselheiros, bons amigos e companheiros, podemos refletir, pensar, considerar e tomar decisões corretas, acertadas, adequadas.

Todos nós podemos mudar. Sem nos agarrarmos ao falso. Quem se recusa a mudar é como alguém que, brincando de cabra-cega, não tira a venda dos olhos. Tateando nas trevas, pensa que as pernas do elefante são colunas; seu corpo, uma parede.

Teria perdido o olfato?

Sintoma da Covid-19. Devia ser Covid-21.

Já entrou na fase adulta. Responsável por suas decisões. No Capitólio dos Estados Unidos da América do Norte, que se tornaram Estados Desunidos, quebra-quebra.

Seriam os estertores de grupos incapazes de dialogar e aceitar as derrotas, ainda vivendo as "guerras incivis", como falou o presidente Biden? É preciso reconhecer os pensamentos errôneos, as tentativas de desmoralizar o Congresso e o Senado pela falta de capacidade de incluir, de respeitar a democracia pela qual foram lutar em tantas outras terras.

Primazia branca, neonazismo, racismo e todas as falácias mentais – quantos deles foram treinados pelo Exército dos Estados Unidos... Eis aí o resultado de guerras e desconstruções neurais, treinamento, adestramento para invadir, matar, quebrar.

Ganhar? Perder? Empatar? Onde há ganhadores, há perdedores. E o fluxo continua. Ora um time, ora outro time. Será que fazer o sinal da cruz torna um time campeão? E se o rival também fizer o mesmo sinal?

O que aprendemos? A alegria da vitória, no momento em que ocorre. Logo vêm as dificuldades e os obstáculos. Superação. A tristeza da perda, no momento em que ocorre. Logo vêm o alívio e a remoção daqueles obstáculos. Surgem outros. Processo contínuo.

Por isso Buda dizia: "A pessoa sábia nem se alegra com a vitória nem se entristece com a derrota, não é manipulada por elogios ou críticas, mas caminha com dignidade sabendo quem é".

Há pessoas que se apegam ao poder mais do que ao dinheiro ou à fama. Poder: mandar, tomar decisões, sentir-se líder, capaz de liderar pessoas, países.

Se subir à cabeça, perderá tudo, tudo. Se conseguir manter-se humilde e reconhecer que nada pertence ao ser, poderá chamar pessoas capazes para se tornarem seus assessores e assessoras. Pessoas que orientarão suas decisões, sem medo de contrariar seu ponto de vista. Não vemos tudo. Não sabemos de tudo.

Por isso podemos tudo ver e tudo saber por meio dos olhos, da mente, da clareza de parceiros e parceiras, amigos e inimigos, que, juntos, observam e refletem, compartilham ideias e ações. Poder ouvir para entender. Dialogar para decidir.

Um líder não é alguém a ser obedecido. É para liderar, dar exemplo, ir na frente. Mesmo quando sente medo, enfrenta suas fraquezas e as transforma em portais.

Ainda é tempo.

Podemos fazer pouco, é bem verdade. Muito pouco, talvez, para impedir o aquecimento global, a destruição das matas e das espécies, o fluir das águas, a poluição do solo, o controle das pragas e dos vírus, a cura das doenças físicas, mentais e sociais.

Nós podemos. Juntos, vamos apoiar as decisões benéficas. Atravessar a pandemia que nos atravessa, superar as barreiras que nos impedem de ver com clareza e observar profundamente, estudar cuidadosamente, pesquisar e desenvolver soluções plausíveis para o bem de todos os seres.

Difícil? Não é difícil e, por não ser difícil, é difícil. Reconhecer é conhecer de novo. Olhe outra vez. Observe em profundidade.

A montadora de veículos Ford leva suas fábricas de volta aos Estados Desunidos da América do Norte. Tentativa de acabar com o desemprego, a miséria e a fome em seu país de origem.

Com isso, funcionários e colaboradores da Ford no Brasil e em outros países, onde a montadora fechou suas fábricas, ficaram desempregados, podendo cair na miséria e passar fome. Quem se importa?

Definitivamente não será o rei deposto, o antigo presidente dos estados que ele conseguiu desunir, tão amigo do Brasil, que se comprometeu, em sua campanha eleitoral, a fazer os Estados Unidos grandes de novo. Comprometeu-se a trazer as fábricas de volta ao seu país para gerar empregos. Agora, ele também perdeu o emprego, seu cargo, e saiu sorrateiro pelas portas dos fundos do castelo da Casa Branca.

"Voltarei, de alguma forma voltarei." Foi a sua última promessa – ou seria ameaça? Demonstra conhecer o pêndulo da história. Republicanos, democratas, republicanos, democratas.

Democracia é reconhecer que somos todos vizinhos, disse Biden, em seu discurso de posse. Podemos divergir e ser amigos de pensamentos diferentes. Acabar com o ódio e trazer o amor, o respeito, a confiança, o progresso.

Senti um alívio de esperança. Esperança de "esperançar", como dizia Paulo Freire. Construir esse mundo melhor no imaginário e no real.

"Quem desrespeitar um colega de trabalho, na minha equipe, será mandado embora imediatamente", também disse Biden. Respeito, reconhecimento das diferenças e harmonia. Escolheu uma equipe pronta para trabalhar. Sentou-se a uma mesa pequena e assinou decretos. Para cada um, uma caneta. Que interessante. Muitos decretos, muitas canetas. Voltar a fazer parte do Acordo de Paris – meio ambiente, ecossistema, sustentabilidade.

Com a voz entristecida, reconheceu que iria piorar muito antes de melhorar. Eram mais de 500 mil mortes em janeiro... Mas vai melhorar.

Todos nós, da América do Norte, Central e do Sul, de todos os continentes, estamos juntos nessa travessia tenebrosa.

As mutações do vírus responderão às vacinas de agora? Teremos de refazer vacinas? Quanto tempo levará para as pesquisas e a aprovação? Quando aprovadas, teremos de fabricá-las e distribuí-las. Nesse intervalo, o vírus já se modificou.

Terá fim a pandemia? Tudo que começa termina – essa é a lei da vida, dizia Buda. Mas o caminho é o caminho do meio. Estamos sempre no meio da vida, entre a vida e a morte, no meio da morte.

No momento do nascimento, estamos no meio do nascimento, no centro do corpo materno, surgindo como uma nova vida.

Para que nascer em um mundo tão sombrio e de poucas perspectivas? Minha mãe estava triste, sua irmãzinha morrera e ela engravidara de minha irmã mais velha.

"Neste mundo em que somos desgraçados,

Pobres, tristes, rudes condenados

Cabisbaixos seguimos para a morte

Entre essa lúgubre coorte, sorrio:

Eu tenho uma filha."

Ode à minha irmã mais velha. O nascimento de uma criança restaura a dor da morte, da perda de alguém querido.

Quando nos tornamos obsoletos, precisamos renascer de nós mesmos.

Como a cobra que deixa sua pele antiga e sai novinha em folha, podemos deixar nossa maneira de ser, de pensar, e nos renovarmos.

Não apenas trocando a pele, não apenas por meio de plásticas e *botox*, não por meio de maquiagens, academias e roupas novas. Podemos nos transformar. Deixar o velho, o desgastado, o desnecessário e nos abrirmos ao novo.

Há tanto a aprender. Novas tecnologias. Aulas virtuais. Nós podemos. Apenas afirmar, assim como apenas negar, não é suficiente. Precisamos construir uma cultura de paz, de justiça e de cura para a Terra.

Unidos podemos reunir os desunidos. Restaurar a justiça, a vida, as relações. Abandonar ódios e retaliações.

Ensinar um porco a cantar. Não será uma canção humana nem uma canção de ninar. Será uma canção "oinc-oinc". Não desistir de tentar.

Políticos fazem política, educadores educam, juízes julgam, legisladores legislam, sábios despertam. Tolos adormecem, mas é nosso dever fazê-los acordar. Quem não aprende por bem aprenderá por mal. A vida ensina. A morte ensina.

Sem nada pelo qual matar e/ou morrer. Vamos adiante. Importar é colocar para dentro, é sentir. Sentir é cuidar.

Que tal uma fábrica de carros elétricos? Uma fábrica estatal? Já que estamos privatizando tantas estatais, podemos, pelo menos, transformar uma fábrica estrangeira em uma fábrica brasileira.

Em vez de gasolina, diesel ou gás, podemos construir motores elétricos. Estaremos beneficiando tantas formas de vida e, quiçá, participando de projetos sustentáveis à vida humana.

Somos a vida da Terra. Dependemos de toda a cadeia do ecossistema terreno para nossa sobrevivência.

Por mais que no Vale do Silício estejam recriando alimentos a partir de DNAs, isso ainda não é para toda a população mundial.

Talvez um dia. Talvez um dia não existam mais fome e miséria. Laboratórios providenciarão alimentação saudável e saborosa gratuita para todos.

Haverá flores nos campos; gado, frangos e galinhas passeando livremente. Longe das cadeias e das celas, das baias, dos chiqueiros, os porquinhos aprenderão a cantar e conviverão dentro das casas.

Não haverá mais roupas, calçados e objetos de pele animal. Ninguém caçará tartarugas e baleias. Peixes não mais morrerão asfixiados. Novilhos não serão transportados para os matadouros em caminhões pesados. Não haverá matadouros.

A erva crescerá livre pelos prados. Fartura de grãos, utilizados e distribuídos com respeito e amorosidade. Reciclagem.

Esse mundo novo é possível. Sem o medo colocado no Mundo Novo de Aldous Huxley,[12] não estaremos presos em castas – como foi na Índia antiga. Manteremos acesos os 5% que neurocientistas afirmam termos de livre-arbítrio. Faremos escolhas. As nossas escolhas inesperadas, não programadas, surpreendentes.

Poderemos deixar de ser Betas para nos tornarmos Alfas ou Gamas, Deltas. Liberdade com responsabilidade. Transitando em todos os mundos e compartilhando bens.

Se nossa formação de DNA foi alterada em laboratórios antes de nascermos, poderemos alterá-la durante a vida.

Sem prisões, abusos e autoritarismos. Seres humanos hábeis em desenvolver as capacidades de afeto, sensibilidade, ternura, respeito.

---

12 Referência à obra *Admirável mundo novo*, de Aldous Huxley, romance que antecipa desenvolvimentos tecnológicos que mudam profundamente a sociedade. (N.E.)

Todos responsáveis pela vida pessoal e coletiva.

Sem crimes, assaltos, roubos, assassinatos. Educação, saúde, trabalho, divertimento, empoderamento para todos.

Haverá cooperação em vez de competição. É possível.

Acordaremos. Seremos pessoas despertas. Nossas manifestações públicas não conterão ofensas, gritos, obscenidades. Saberemos dialogar e defender pontos de vista. Se acaso nossas propostas não forem aceitas, aguardaremos e tentaremos outra vez.

Não invadiremos nem quebraremos lojas e edificações públicas. Não haverá pneus a serem queimados – todos serão transformados em campos para jogos esportivos, como futebol, basquete, tênis, beisebol.

Reciclaremos todas as coisas materiais e não haverá mais lixo espacial. Reciclaremos todas as emoções prejudiciais e não haverá mais lixo mental.

Não seremos robôs, manipulados e comandados por nada nem por ninguém.

Seremos livres.

As artes e as ciências se desenvolverão tanto, que hoje é impossível avaliar como serão. Mas serão.

Apreciaremos hábitos e tradições diferentes. Dialogaremos, e a diplomacia fará parte da educação básica para todos. Saberemos falar, negociar e criar condições harmoniosas de trocas de objetos e afetos.

"Você pode dizer que sou uma sonhadora. Mas não sou a única. Espero que um dia você se junte a nós e o mundo será um."[13]

Imaginar possibilidades consideradas impossíveis. Visionários são pessoas que têm visões do vir a ser.

Há cerca de 55 anos fiz uma matéria para o *Jornal da Tarde*, de São Paulo, onde trabalhava como repórter. Foram dias de pesquisa nos arquivos tentando adivinhar como seria o futuro. Houve algo que jamais esqueci: diziam os pesquisadores que no futuro os jornais chegariam até as residências através de uma máquina.

Que máquina seria essa? Havia *fax* nos jornais, nos bancos. Máquinas grandes e lentas. Imaginávamos as folhas de jornal sendo impressas na casa de cada assinante. Como poderíamos prever os computadores, os celulares, as mensagens incessantes das notícias mais urgentes e recentes?

Quando houve a Revolução Industrial, muitos tiveram medo das máquinas, de perder o trabalho, de se tornarem massificados. O processo educacional, ainda mantido em muitas escolas e universidades, foi criado para formar indivíduos calados, eficientes, focados, capazes de ações repetitivas, obedientes, disciplinados. Seres humanos para formar exércitos e trabalhadores de fábricas.

Charles Chaplin foi muito hábil em seus filmes mudos, mostrando o ser humano girando nas estruturas das enormes ruelas, escravizado pela maquinaria.

---

13 Tradução livre dos versos "You may say I'm a dreamer/ But I'm not the only one/ I hope some day you'll join us/ And the world will be as one", da música "Imagine", de John Lennon. (N.E.)

Anos mais tarde, grupos de *rock and roll* continuaram questionando: "Nós não precisamos de educação, não precisamos de controle mental. Professores, deixem as crianças em paz"[14] – dizia a banda chamada Pink Floyd, que terminava suas apresentações com um avião quebrando os muros de tijolos que nos separam uns dos outros.

O muro de Berlim foi demolido. Ainda há muitos muros a serem derrubados.

A polaridade de posições, a intolerância com quem pensa, fala, age, se veste, vive de forma diferente de alguns tornam-se pretexto para mortes, violências, guerras.

Poder. Queremos poder, mandar, decidir. Nosso ponto de vista deve prevalecer. Só falo com quem concorda comigo. Quem discorda é inimigo e precisa ser afastado, exterminado.

Famílias divididas. Artistas separados. Criando cercas e grupos fechados. Os meus são os bons e devem ser protegidos e cuidados. Os outros são os outros...

Perdemos o contato. Perdemos o contato com nossas crianças internas e externas. Perdemos o contato com a vida, a interdependência, a coexistência. Deixamos de cooperar e queremos lutar, brigar por aquilo em que acreditamos. Deixamos de ouvir, entender, cuidar e amar.

Tempo de trevas – que para nós, humanos, é terrível, pois não temos a visão afiada como a dos bichos da noite, as corujas. Nem o radar perfeito dos morcegos. Precisamos de luz, de claridade, para ver o que é, assim como é.

---

14 Tradução livre dos versos "We don't need no education/ We don't need no thought control/ (...) Teacher, leave them kids alone", da música "Another brick in the wall". (N.E.)

"Quem pode dormir com uma cobra venenosa em seu quarto?", perguntou Buda aos que o ouviam em certa ocasião.

Você dormiria sabendo que uma cobra venenosa, ou uma aranha peçonhenta, entrou e pode pôr sua vida em risco?

"Da mesma forma que precisamos espantar a cobra para dormir com tranquilidade, precisamos espantar nossas emoções prejudiciais com a agulha preciosa dos Preceitos."

Preceitos são votos, comprometimentos.

Quando nos apoiamos em nossos votos e compromissos, tornamo-nos mais hábeis e fortes.

Os Preceitos de Buda iniciam com Três Refúgios:

- Retorno e me abrigo em Buda.
- Retorno e me abrigo no Darma.
- Retorno e me abrigo na Sanga.

Buda significa literalmente um ser desperto. Alguém que acordou e é capaz de ver, sentir, atuar de forma que beneficie todos os seres.

Darma é a Lei Verdadeira, ensinamentos baseados na experiência meditativa (*zazen*) acessados por Buda.

São três os selos do Darma:

1. Nada fixo, nada permanente – inclui não haver uma alma imortal, uma individualidade, um eu separado e independente, contínuo.
2. Lei da Origem Dependente – a trama da coexistência, a interdependência; disto surge aquilo, e assim por diante.

3. Nirvana – estado de paz acessado pelo desabrochar da Sabedoria, que leva à extinção de apegos e aversões.

Sanga é uma comunidade, um grupo de pessoas que compartilham dos mesmos propósitos, votos, preceitos. A Sanga é formada por monges e monjas, leigos e leigas. Sua característica seria o respeito entre todos, a manutenção dos votos por meio do convívio e a harmonia nas relações.

Refúgio ou abrigo nas três preciosidades principais. Mas essas joias não são estanques, fixas. O estado Buda não é permanente. Precisamos cuidar, praticar, meditar, orar e vigiar para nos mantermos em níveis profundos de compreensão. Estudar o Darma deve ser a prática dos ensinamentos na vida diária. Novamente não é fixo. A todo momento, precisamos avaliar nossos pensamentos, falas e ações – estão sendo de acordo com a verdade, ou somos desviados pelas *fake news*, pelo falso? Participar da Sanga é se comprometer com uma vida pura, singela e cooperativa.

Falhamos, erramos. Mas não desistimos.

A Sanga é comparada a uma floresta, onde as árvores crescem em direção à luz, ao sol. Quando uma árvore sai do prumo, cresce em direção a outra árvore e não ao sol; essa árvore-irmã não se dobra, mas ajuda a outra a se reerguer. Essa é a força da Sanga, a força dos votos – facilitar para que todos possam acessar a sabedoria perfeita e a compaixão ilimitada.

Se observarmos a natureza, notaremos que há apoio mútuo e troca de vitaminas até mesmo pelas raízes das árvores. Se tudo é um processo de cooperação e coexistência, onde foi que muitos de nós perdemos esse contato, perdemos a empatia e nos tornamos pessoas secas, ásperas, fechadas, individualistas, trancando portas e armários, não dividindo ou compartilhando alimentos, remédios, leitos, abrigos, vacinas, posições, ensinamentos? Onde foi que nos perdemos? Quem nos ensinou o racismo, a homofobia, a xenofobia e todas as fobias que envenenam as sociedades? Por quê?

No Japão, durante meus últimos anos de formação monástica, participei de um curso para futuros abades e abadessas de mosteiros zen. À época, um dos principais estudos era sobre discriminações preconceituosas. De onde surgiram? Por quê? Como eliminá-las?

O processo começou quando um professor universitário japonês deu uma palestra nos Estados Unidos, e um dos participantes norte-americanos perguntou se havia racismo no Japão. O professor respondeu que não.

Essa resposta fez com que os grupos discriminados, que viviam – e muitos ainda vivem – em guetos, com nomes de família gravados em livros especiais para que não se misturem com outras pessoas, se unissem a muitos ativistas sociais e dessem início a um processo de reeducação em todo o país. Escolas, templos, empresas. Todos.

Nosso grupo de monges e monjas, orientado por professores da Universidade Komazawa, em Tóquio, iniciou a jornada no universo do racismo, dos preconceitos e das discriminações abusivas.

Fomos visitar centros de hanseníase, pois sempre houve muita discriminação e preconceito em relação a essa doença, considerada uma doença cármica – resultado de atitudes impróprias em vidas passadas. Um absurdo. Doenças existem. De onde teriam vindo esses pensamentos?

Um grande mestre zen, durante uma de suas aulas sobre os ensinamentos sagrados, usou a palavra "leprosos" para identificar pessoas que teriam impurezas psíquicas.

Pronto. Todos fomos estudar a hanseníase, compreender que não há causas cármicas, que não é transmissível da forma como se acreditava antigamente e que desde 1947 há remédios e cura para essa doença.

No passado, assim como ocorria em outros países, no Brasil, pessoas com hanseníase eram isoladas em vilarejos dos quais não podiam mais sair.

No Japão, elas eram levadas para uma ilha, sem pontes e sem barcos de volta. Era chamada de Ilha do Amor. Não podiam escrever ou receber cartas. Todas as relações com seus familiares eram cortadas, pois estes seriam discriminados se alguém soubesse que na família havia uma pessoa contaminada.

Um jovem monge zen começou a frequentar essa ilha, a orar e meditar com os doentes e restabeleceu os vínculos rompidos, fazendo todos entenderem que a hanseníase não acomete pecadores, pessoas más ou que praticaram crimes no passado.

Fomos todos visitá-los. Alguns, que haviam chegado ali antes de 1947, sem os remédios adequados, tinham perdido parte de algumas extremidades do corpo. Faltavam-lhes pedaços de dedos dos pés ou das mãos, das orelhas ou do nariz. Ficaram felizes com nossa visita.

As mulheres me convidaram para ajudá-las a cortar maçãs para a hora do chá. Surpreendeu-me a maestria com que usavam grandes facões com poucas falanges em suas mãos.

Na hora do chá, em poucos instantes, veio de memória uma frase de minha mãe: "Vá lavar bem as mãozinhas. Essa carta que você trouxe para a mamãe veio de um leprosário".

Minha mãe fazia doações mensais a um centro de cura da hanseníase, e todos os meses alguém dessa instituição vinha entregar um recibo. Eu gostava de ir ao portão receber cartas, receber pessoas, dar esmolas, oferecer água e alimento a quem pedisse, recolher cães de rua.

Sua frase ressoou em meus ouvidos.

Lembrei-me dos estudos que fizera antes de ir à Ilha do Amor, sobre a doença, o contágio que não se dá pelo contato, pelo ar. Peguei um pedaço da maçã e pensei: "Bem, se pegar, peguei". Comi a maçã, doce, suave, e me libertei de um processo discriminatório que me fora inculcado por minha mãe.

Deveria sempre lavar bem as mãos, independentemente de onde tivesse vindo qualquer carta. Mas minha mãe, que também não devia saber como se dá o contágio da hanseníase, apenas repetia aquilo em que sua mãe, sua avó e toda uma ancestralidade acreditavam.

Quando não sabemos como uma doença se propaga, criamos fantasias, medos e aversões. Quando sabemos, podemos nos proteger e proteger todo mundo com as precauções corretas. Se negarmos, jamais haverá tratamentos e curas.

O Brasil, como em muitos outros lugares, é um país onde existe racismo estrutural. Recentemente, o vice-presidente da República, general Hamilton Mourão, quando questionado sobre racismo em relação ao caso do Beto – um homem negro espancado e asfixiado em Porto Alegre, na saída de um supermercado –, declarou: "No Brasil não há racismo".

Assustou-me essa frase. Se nego o racismo, como evitá-lo? Posso entender que ele, general Mourão, não seja racista. Posso compreender que ele vive entre pessoas e que talvez no Exército brasileiro não haja racismo. Não posso afirmar, pois nunca fiz parte do Exército.

Mas há muitas pessoas racistas. Há algumas que nem se consideram, mas que foram influenciadas pelos pais, professores, amigos, que, também ignorantes da verdade de sermos uma só família humana, mantiveram preconceitos herdados ou adquiridos no processo de crescimento.

Só os fracos e covardes são racistas. Só os tolos e ignorantes se consideram superiores a outros seres humanos.

No Japão, foi doloroso e trágico visitar os guetos das pessoas excluídas. Não tinham possibilidade de estudos e cargos melhores em nenhum local. Não podiam se casar com pessoas que não fossem de famílias também discriminadas. Havia muito suicídio, tristeza. Mas também houve os que se levantaram, os que se opuseram, os que pesquisaram, e estes estão transformando esse horror.

Rezamos em cemitérios onde os nomes das pessoas discriminadas eram escritos com erros de grafia. A maioria não sabia ler ou escrever. A fim de manter o estigma, os religiosos, escrevendo erroneamente, maculavam a família para sempre.

Fomos orar e nos arrepender. Quando entramos em uma ordem religiosa, recebemos tudo pelo que ela já passou. Inclusive os absurdos erros anteriores. Por isso nos arrependemos dos erros e das faltas dos religiosos do passado e nos comprometemos a nunca mais permitir, em lugar nenhum, em nenhuma circunstância, qualquer forma de abuso e rejeição preconceituosa.

O arrependimento significa metanoia, transformação. Apenas arrepender-se e repetir o mesmo erro não adianta.

Como diz um cartaz no escritório do professor Mario Sergio Cortella, em São Paulo: "Aqui só aceitamos erros inéditos".

Por isso, negar o racismo estrutural no Brasil significa não criar programas educacionais para que ele seja completamente abolido. Pense nisso.

No Japão, foi criado um dicionário especial contra toda e qualquer forma de discriminação preconceituosa – palavras, atitudes, gestos, pensamentos, para os quais precisamos nos atentar para evitar abusos e tristezas.

Shinai. Sassenai. Iurussanai. Significa: não faça, não permita que ninguém faça, não desculpe alguém que faça.

Essa é a única maneira de curar uma doença social que, no Brasil, como em muitos outros países, é crime.

Negacionismo é perigoso. A via negativa pode ser bondosa e assertiva. É preciso saber distinguir. Negar não apaga o crime, encobre a verdade e retarda a cura. Retorno e me abrigo em Buda, no Darma e na Sanga. Preciso de apoio, de referenciais. Todos nós precisamos, de uma forma ou de outra, fazer escolhas, comprometer-nos com uma vida plena, procurar a verdade, dar sentido à nossa vida.

Refugiar-se ou abrigar-se é comparável a alguém que, procurando e encontrando um local seguro em meio a uma tempestade, ali se abriga, sentindo-se protegido.

Retorno e me abrigo, pois Buda não é um estado novo de consciência. É nosso estado natural. Reconheço esse local, confio em Buda, confio no despertar da mente, na clareza da visão e no discernimento correto. A procura me leva ao meu eu verdadeiro, à essência da mente, ao encontro com a grande questão, o grande assunto de vida-morte. Quando essa questão é esclarecida, Buda se manifesta. Já não sou eu, mas o eu não eu, como escreveu Nishida Kitaro: "o eu religioso".

Estados alterados são aqueles em que estamos semiadormecidos, que não vemos, agimos ou pensamos com clareza, que causamos dores, que podemos ferir ou ser feridos.

Retornar e se abrigar é semelhante a uma criança em um local alto à qual alguém de sua confiança diz: "Pode pular, eu seguro você". E a criança se atira.

Algum tempo atrás, isso aconteceu em um apartamento em chamas, de cuja varanda dois meninos se jogaram, nos braços de alguém, que se machucou, mas os salvou.

Assim somos nós, em uma casa em chamas, em um mundo tenebroso e assustador, não apenas por causa do coronavírus, da falta de vacinas e de leitos hospitalares e da morte. Pela falta de respeito à vida, pela ausência de valores éticos que não foram ensinados, repassados.

Ainda é tempo. Ainda podemos reverter esse quadro. Não se trata de negar a realidade, mas de perceber como tudo é transitório e que, se aprendermos com as árvores, cooperaremos uns com os outros e criaremos uma sociedade mais justa, solidária e amorosa.

Após nos abrigarmos no despertar, na verdade e no ecossistema, poderemos reforçar os seguintes compromissos:
1. Não fazer o mal.
2. Fazer o bem.
3. Fazer o bem a todos os seres.

Iniciamos com uma negação: não fazer, não pensar nem falar nada que possa ser maléfico, prejudicial. Em um segundo momento, comprometemo-nos a fazer, pensar e falar o que é benéfico.

Completamos com o voto de beneficiar todos os seres – não apenas alguns amigos e parceiros, companheiros e correligionários, mas todos os seres.

Difícil. Mas não impossível. Como dizia um colega na redação do *Jornal da Tarde*, 50 anos atrás: "O impossível demora um pouco mais". Que lição desse senhor jornalista, que viera de outra empresa e que tinha uma faixa branca de cabelos na frente. Inesquecível. O impossível demora um pouco mais. Não desista. Insista. Crie causas e condições. Torne possível o impossível.

Quando adentramos nos preceitos graves de prática na vida diária, eles originalmente estão todos no negativo:
1. Não matar.
2. Não roubar.
3. Não abusar da sexualidade.
4. Não mentir.
5. Não negociar intoxicantes.
6. Não falar de erros e faltas alheios.
7. Não se elevar e rebaixar os outros.

8. Não ser movido pela ganância.
9. Não ser controlado pela raiva.
10. Não falar mal dos Três Tesouros: Buda, Darma e Sanga.

Ao negarmos o erro, o falso, o que causa problemas, dores, tristezas, estamos afirmando o bem.

1. Não matar é dar vida, vida em abundância. Cada vida importa, deve ser preservada, vivida em plenitude. Não deixar que morram à míngua, sem cuidados, sem afetos, sem alimentos, roupas, educação, abrigo, medicamentos, vacinas. Cada ser humano, cada árvore, cada pássaro, cada inseto. Cada forma de vida é sagrada e mantenedora do ciclo da vida.
2. Não roubar é compartilhar, doar, cuidar, ser solidário. Parar para ouvir alguém, entender as questões, procurar solucionar os problemas.
3. Não abusar da sexualidade é manter uma vida sexual saudável, respeitosa, digna, compartilhada.
4. Não mentir é ser verdadeiro com você e com o mundo.
5. Não negociar intoxicantes é criar causas e condições para mentes lúcidas, pensantes, presentes – tanto por drogas que distorcem a percepção e a capacidade de resposta rápida, como por manipulações mentais que afastam as pessoas da verdade.
6. Não falar de erros e faltas alheios é procurar valores positivos em todas as situações, é encontrar caminhos para libertar a si e aos outros de erros e faltas. É falar dos acertos e das correções.
7. Não se elevar e rebaixar os outros tem a ver com a humildade. Ninguém é melhor, pior ou igual a ninguém. Cada ser é único. Respeitar todo mundo é respeitar a si mesmo.

8. Não ser movido pela ganância é ser livre de formações mentais egocêntricas. Que apenas o colaborar, o doar, o compartilhar possam nos mover na construção de sociedades justas e sustentáveis.
9. Não ser controlado pela raiva é responder ao mundo por meio da sabedoria plena, da compaixão ilimitada, transformando a raiva em ações, palavras, gestos e pensamentos de mudança na construção de uma cultura de paz, justiça e cura da Terra.
10. Não falar mal dos Três Tesouros é honrar, respeitar e procurar pelo caminho do despertar, pelas leis superiores e verdadeiras e por uma sociedade harmoniosa e saudável.

Na Lua cheia e na Lua nova, ou seja, de 15 em 15 dias, as pessoas que fazem esses votos, esses comprometimentos, devem rememorá-los. Em uma cerimônia singela, repetimos três vezes o seguinte:

"Todo carma prejudicial alguma vez cometido por mim, desde tempos imemoriáveis

Devido à minha ganância, raiva e ignorância sem limites

Nascido de meu corpo, boca e mente

Agora, de tudo, eu me arrependo".

O verso do arrependimento não nega que nós, seres humanos, somos frágeis e que há três venenos que podem nos afetar, contagiar, infectar:

A ganância – querer lucros, vantagens, poder. Querer sempre mais e mais, perdendo a noção e o sentimento da satisfação e se afastando da bondade, da solidariedade, do compartilhar e do cooperar.

A raiva – cultivar pensamentos de ódio e rancor, falar de forma que incite a raiva ou agir para destruir, difamar, caluniar. A raiva pode se tornar uma alavanca de transformação do mundo, se direcionada corretamente, mas pode vir a ser a destruição da própria pessoa e de muitas outras.

A ignorância – negar a realidade, a verdade. Desconsiderar que dores existem, que há causas para essas dores e insatisfações, e que é possível sanar os males através de uma prática constante e atenta.

O Buda histórico, em seus últimos ensinamentos, já com 80 anos de idade, disse aos seguidores próximos: "Não há nada seguro neste mundo".

Buda tinha muitos seguidores. Ainda os tem, mais de 2.600 anos depois de entrar em Parinirvana. Nunca dizemos que Buda morreu, mas que entrou no grande nirvana final, na grande paz. Seus ensinamentos continuam até hoje e ele mesmo disse: "Façam dos ensinamentos o seu mestre e eu viverei para sempre".

Vida eterna é isso. É manter viva uma forma de ser, de pensar, de estar no mundo. Viveremos nas gerações seguintes. Por isso também é importante o que percebemos, falamos, escrevemos, transmitimos, o que deixaremos com a nossa passagem.

Alguns perpetuam vícios e faltas. Outros transmitem virtudes e acertos. A escolha é nossa. De cada uma, de cada um de nós.

Diferentemente de outras tradições espirituais, há textos budistas que afirmam: "Até os bons entram na Terra Pura". A Terra Pura corresponderia ao Céu, ao Paraíso. Ou seja, todos adentram, todos podem adentrar. A Terra Pura, o Céu, não é apenas para depois da morte. Aqui e agora podemos ir ao Paraíso, à Terra Prometida, à Terra Pura, ao Céu. Está ao nosso alcance.

Podemos ter pisado muito na bola. Dito coisas impróprias e tomado decisões errôneas. Podemos ter sido envenenados pela ganância, pela raiva e pela ignorância.

Mas podemos rever e ressignificar, modificar nossa vida. Podemos nos curar, como pessoas e grupos.

Devemos procurar pela cura, cuidadosa, meticulosamente. Podemos criar vacinas capazes de gerar anticorpos e não adoecermos. Componentes da vacina: meditação, autoconhecimento, desenvolvimento de afeto, escolha da poesia como meta e orientação de vida. Atente para cada frase. Reflita. Caso concorde, aceite e pratique no dia a dia.

> Senhor, fazei-me instrumento de vossa paz
> Onde houver ódio, que eu leve o amor
> Onde houver ofensa, que eu leve o perdão
> Onde houver discórdia, que eu leve a união
> Onde houver dúvida, que eu leve a fé
> Onde houver erro, que eu leve a verdade
> Onde houver desespero, que eu leve a esperança
> Onde houver tristeza, que eu leve a alegria
> Onde houver treva, que eu leve a luz
> Oh! Mestre, fazei que eu procure mais
> Consolar, que ser consolado

> Compreender, que ser compreendido
> Amar, que ser amado
> Pois é dando, que se recebe
> É perdoando, que se é perdoado
> E é morrendo, que se vive para a vida eterna.[15]

Vida eterna, que se perpetue a vida, no Céu e na Terra. Vidamorte, inseparáveis. Vidamortevidamortevida. Novos seres humanos, um DNA antigo se perpetuando. Mudanças, transformações levam milênios. Mesmo assim elas acontecem.

A pandemia de Covid-19 veio, pareceu melhorar, voltou, como as ondas do mar. Temos propostas interessantes, de pessoas inteligentes, para vacinas, remédios... Mas e as relações humanas?

Por que tivemos de pagar tanto pelas vacinas? O Brasil, a Índia, a Nigéria, Moçambique?

Por que as grandes fortunas internacionais, as grandes fundações não estão doando para cobrir todas as pesquisas e as vacinas para toda a população terrestre?

Seria tão bom saber de contribuições assim grandiosas de forma que o dinheiro das vacinas pudesse ser usado para combater a fome, levar água e saneamento básico para os rincões mais pobres, continuar a auxiliar os necessitados com verbas mensais e melhorar as condições de vida para todos.

---

15 Autoria anônima popularmente atribuída a são Francisco de Assis. (N.E.)

De tempos em tempos, grupos de líderes se reúnem com propósitos belíssimos e de alto nível compassivo. Nem sempre atingimos esses objetivos. Mas não desistimos.

Cumpriremos a Agenda 2030 para o envolvimento sustentável?

Faltam apenas poucos anos... Foi em 2015, durante uma reunião nas Nações Unidas, em Nova York, que chefes de Estado, de governo e altos representantes se comprometeram a trabalhar para erradicar a fome e a miséria, combater desigualdades, construir sociedades pacíficas, justas e inclusivas, proteger os direitos humanos e promover a igualdade (eu diria equidade) de gênero e o empoderamento das mulheres e meninas, assegurar a proteção duradoura do planeta e de seus recursos naturais, criar condições para um crescimento sustentável, inclusive economicamente sustentado, prosperidade compartilhada e trabalho decente para todos e todas, tendo em vista os diferentes níveis de envolvimento e capacidades nacionais.

Dezessete itens na lista de compromissos:[16]

1. Acabar com a pobreza em todas as suas formas, em todos os lugares.
2. Acabar com a fome, alcançar a segurança alimentar e a melhoria da nutrição e promover a agricultura sustentável.
3. Assegurar uma vida saudável e promover o bem-estar para todos, em todas as idades.
4. Assegurar a educação inclusiva e equitativa e de qualidade e promover oportunidades de aprendizagem ao longo da vida para todos.

---

16   Dezessete Metas Globais para alcançar três objetivos extraordinários nos próximos 15 anos: 1) Erradicar a pobreza extrema; 2) Combater a desigualdade e a injustiça; 3) Conter as mudanças climáticas. Esses objetivos são conhecidos como os Objetivos de Desenvolvimento Sustentável (ODS). Disponível na internet: https://gtagenda2030.org.br/ods/, acesso em 20/9/2021. (N.E.)

5. Alcançar a igualdade de gênero e empoderar todas as mulheres e meninas.
6. Assegurar a disponibilidade e a gestão sustentável da água e saneamento para todos.
7. Assegurar o acesso confiável, sustentável, moderno e a preço acessível para todos.
8. Promover o crescimento econômico sustentado, inclusivo e sustentável, emprego pleno e produtivo e trabalho decente para todos.
9. Construir infraestruturas resilientes, promover a industrialização inclusiva e sustentável e fomentar a inovação.
10. Reduzir a desigualdade dentro dos países e entre eles.
11. Tornar as cidades e os assentamentos humanos inclusivos, seguros, resilientes e sustentáveis.
12. Assegurar padrões de produção de consumo sustentáveis.
13. Tomar medidas urgentes para combater a mudança climática e seus impactos.
14. Lutar pela conservação e pelo uso sustentável dos oceanos, mares e recursos marinhos para o envolvimento sustentável.
15. Proteger, recuperar e promover o uso sustentável dos ecossistemas terrestres, gerir de forma sustentável as florestas, combater a desertificação, interromper e reverter a degradação da terra e deter a perda da biodiversidade.
16. Promover sociedades pacíficas e inclusivas para o envolvimento sustentável, proporcionar o acesso à justiça para todos e construir instituições eficazes, responsáveis e inclusivas em todos os níveis.
17. Fortalecer os meios de implementação e revitalizar a parceria global para o envolvimento sustentável.

Todas as vezes que apareceu, neste texto, a palavra "desenvolvimento", eu a troquei por "envolvimento".

Precisamos nos envolver mais – essa era a tese de um doutorando paraense, em Coimbra, Portugal, há alguns anos. Durante um almoço excelente, num restaurante singelo com a melhor bacalhoada do mundo, entre muitos estudantes, conversas, alegrias, aprendi com esse jovem que o prefixo *des* significa negação.

Assim sendo, é mais importante envolver-se do que desenvolver. O envolvimento com a Terra, com o planeta, com a vida vale muito mais do que o suposto desenvolver, que é estar não envolvido. Pense nisso.

"Empoderar" e "resilientes" são palavras que o dicionário do computador desconhece. A língua é viva. Transforma-se. Por que o plural tem sido sempre no masculino? Podemos mudar. Pense nisso.

Empoderar – dar poder. Ninguém empoderava ninguém? Ou *Qualquerum* pode ser empoderado por *Qualquerum*?

Qualquerum é o nome de um personagem criado por minha amiga Floriana Abreu, médica cardiologista, que ensina sobre resiliência, cuidados e respeito por meio de seu amigo Qualquerum.

Resiliente – capaz de suportar situações muito ameaçadoras sem se desfazer.

Estruturas resilientes, cidades resilientes.

Quero conviver com pessoas resilientes, capazes de suportar o insuportável e continuar vivas, ativas, presentes, felizes. E poder auxiliar às quais falta resiliência a se empoderar.

A terra das possibilidades não é apenas a América do Norte.

Todas as possibilidades estão bem aqui, à nossa disposição. Podemos escolher. Podemos abrir e dar novos rumos à existência pessoal e social, coletiva.

Precisamos ver o que é, assim como é, para que seja como deve ser.

Agora, quem decide esse deve ser? Que valores e princípios seguimos?

A escolha é nossa. De cada um de nós.

Meditação. Ensinar crianças, jovens, pessoas adultas e idosas a meditar. Conhecer a si. Ir além do além. Despertar e transformar cada um e cada uma de nós e toda a humanidade.

Vamos todos morrer, é bem verdade. Tudo que começa inevitavelmente termina. Menos a pandemia. Será? Quando achamos que está no fim, recomeça.

Lavoisier já descobrira: "Nada se cria, nada se destrói. Tudo se transforma". Podemos ser a transformação que queremos no mundo, afirmou Mahatma Gandhi, na Índia.

Lembremos: não há nada fixo, nada permanente, tudo passa, e podemos direcionar essa passagem quando livres por saber da interdependência e da transitoriedade.

> O mundo dos fenômenos é semelhante
> Às estrelas, a uma sombra, a uma chuva
> A uma miragem, ao orvalho, a espuma
> A um sonho, ao relâmpago, a uma nuvem
> Vede dessa forma todas as coisas.[17]

---

17 Ensinamento de Buda no *Sutra do Diamante*. Tradução do professor Ricardo Mario Gonçalves.

Há tempo de chegar e tempo de partir

Tempo de juntar e tempo de separar

Pessoas sábias leem os sinais do Caminho

Sem forçar, sem brigar, adentram a senda.

Livre e responsável caminha quem despertou.

Não ofende e não é ofendida a pessoa capaz de se conhecer.

O tempo passa e nós passamos

Passarinhando.

Não negue o esperançar.

Podemos.

Devemos.

Faremos.

Mãos em prece
Monja Coen

Especificações técnicas

Fonte: Adobe Garamond Pro 12 p
Entrelinha: 16 p
Papel (miolo): Off-white 80/m²
Papel (capa): Cartão 250 g/m2
Impressão e acabamento: Paym